あらゆる運動は
武蔵の教えで必ずランクアップする！

宮本武蔵の本当の戦い方

柳川昌弘

BAB JAPAN

はじめに

平成三十年二月には平昌五輪大会が開催、二年後の新元号二年には夏期東京五輪が開催される。今後の世界情勢や国民生活には数々の不安が予想されるが、それだからこそ心身の鍛錬を続ける人々の存在は貴重だと思う。

オリンピックは五輪と呼ばれる。偶然ではあるが、宮本武蔵の『五輪書』は、実は、あらゆるスポーツの極意を具体的に伝える貴重な教えでもある。

今日ではスポーツ科学も進歩しつつあるが、最も大切な「何か」が欠けている。

その「何か」を何気なく発揮できる人々が「天才」と呼ばれ、しかしながらその実体はいまだ解明されていない。少なくとも現代の科学的トレーニングは、天才を突然変異のごとき別格としている。それゆえ、天才に迫るトレーニング方法とは言えない。体質によってほとんど決定されるスポーツもありそうだが、必ずしもそうとも言えない。それどころか、実は、**多くの人々は天与の才能さえうまく開華させる事ができさえすれば、天才と呼ばれるような境地に至る事が確実なのだ。**一般に天才と言えば神童型の天才を思い浮かべるが、大器晩成型の天才も少なくない。

スポーツの世界では天才であっても絶対的存在ではなく、相対的存在なのだ。例えば、プロ野球の世界には天才がたくさん存在している。しかし、ドラフト上位の者でも、その後は常人というケースの方がずっと多いものだ。それは一体何が原因なのだろうか。ドラフト上位でなくとも、その後第一線で活躍する事になった選手は何人もご存知だろう。常人が天才に迫るにはどうすればよいのだろうか。

その道に対する気質などの条件を除けば、前述した両者とも大成する事が十分可能なのだ。実は、宮本武蔵も大器晩成型の剣聖の一人なのだ。そして、その著『五輪書』は剣術やスポーツばかりでなく、あらゆる分野で成功する「極意書」でもある。そこで、まずこうした事情について明らかにしたい。単に、やみくもに猛練習を続けるだけでは大成する事はまずないのだ。

文頭で述べた「何か」を理解するとともに、その「何か（知恵）」の体得が欠かせない。この点について宮本武蔵は『五輪書』の冒頭で次のように述懐している。

（著者要約）

「自分は若年の頃から剣術の道を求め、十三歳の時、新当流の有馬喜兵衛に打ち勝ち、十六歳にして但馬国の秋山という強力の剣術者に打ち勝ち、その後、二十一歳にして都から国々を巡り、諸流の剣術者たちと六十余度勝負して一度も破れる事がなかった。それは十三歳から二十八、九までの事だ。自分が三十歳を超えて、考えてみると、それは剣術の極意に達していたからではなく、何となく剣術の素質があって「天理」からあまり外れていなかったからか、他流の剣術者たちの実力不足であったのか、その後、一段と深い道理（天理）を求め、鍛錬を続けたところ、自然と剣術の道理を得たのは五十歳の頃だ。」

この文面からすると、武蔵が数々の勝負において運良く「不思議な勝ちあり、不思議な負けなし」と言われるように、「天理」を不完全ながら体得していた事を暗示している。そして武蔵は「天理」を完全に体得した結果、二天一流剣術と称し、その内容を『五輪書』としてまとめた。

という事になる。そこで天理とは何かという事になるが、詳しく言えば『五輪書』全文の主旨であり、あるいは「水之巻」の要旨でもある。『五輪書』（水之巻）は、その理を体得した者にしか理解できない「真実（技）」を説いている。何事であれ「真実は体験が先であり、その解説は、その後に作った理論であり一種の例え話のようなもの」なのだ。だから真実に対して何らかの共通する体験があると思われる現代の方々に対しては、もっとわかりやすく説明できると考えられるのだ。皆さんは何らか、その体験をお持ちだと思う。刀での斬り合いはした事がなくとも、さまざまなスポーツ、武術、格闘技等を通じて。

ともあれ天理は、一つの真実だが、現今では理解されつつある「正中線」「観の目」「居着かぬ足捌き」に分けて説明したのが本著の主旨だ。しかし、それら三つの理は、お互いに関係する事を理解体得すれば、「正中線の真実」に迫る事ができるだろう。そうすれば諸々のスポーツで大成するカギがわかるようになる。そこで真実をあえて分解し、上達の重要な要素としてわかりやすくスポーツ毎に「正中線の諸々の条件」とその働きについて説明したのが本文の内容だ。
完全な正中線を体現すれば、その人物はもはや天才であり、武道で言う名人達人である事は間違いない。

平成三十年九月

柳川昌弘

目次

第3章　正中線……61

第4章 スポーツへの応用

第5章 兵法九ヶ条

付録 二天記

第1章

五輪書

1 『五輪書』の主旨

宮本武蔵晩年の著『五輪書』は、超ロングセラーとして世界的に読まれている。それも各界指導者必読の書として。その内容は剣術(小の兵法と呼ぶ)の技は『天理』(この世のすべてを司る理)に基づいていなければ本当の技（真実と呼んでいる）ではない。ゆえに、真実を体現すれば、不敗の境地に達するだけでなく、国家経営から有能な人材育成に至る社会的知恵を発揮できる（大の兵法と呼ぶ）普遍的真実に繋がっている事を説いたものだ。

ここではそれらの基礎となる剣術の真実（天理と技）について、なるべくわかりやすく説明したい。

武蔵は当時でも天理にかなった剣術を修業している者はほとんどいないと述べている。しかも剣術の普遍的真実は今日のあらゆるスポーツにも通じるものでもある。

天理を少しばかり体得している著者からみても、もう少しで超一流のスポーツマンになれると思われる人が少なからずいるように思う。

天才的スポーツマンと考えられた人でも、結局は、やはり人の子といった結果もたくさん見てきたが、大変残念な事だ。

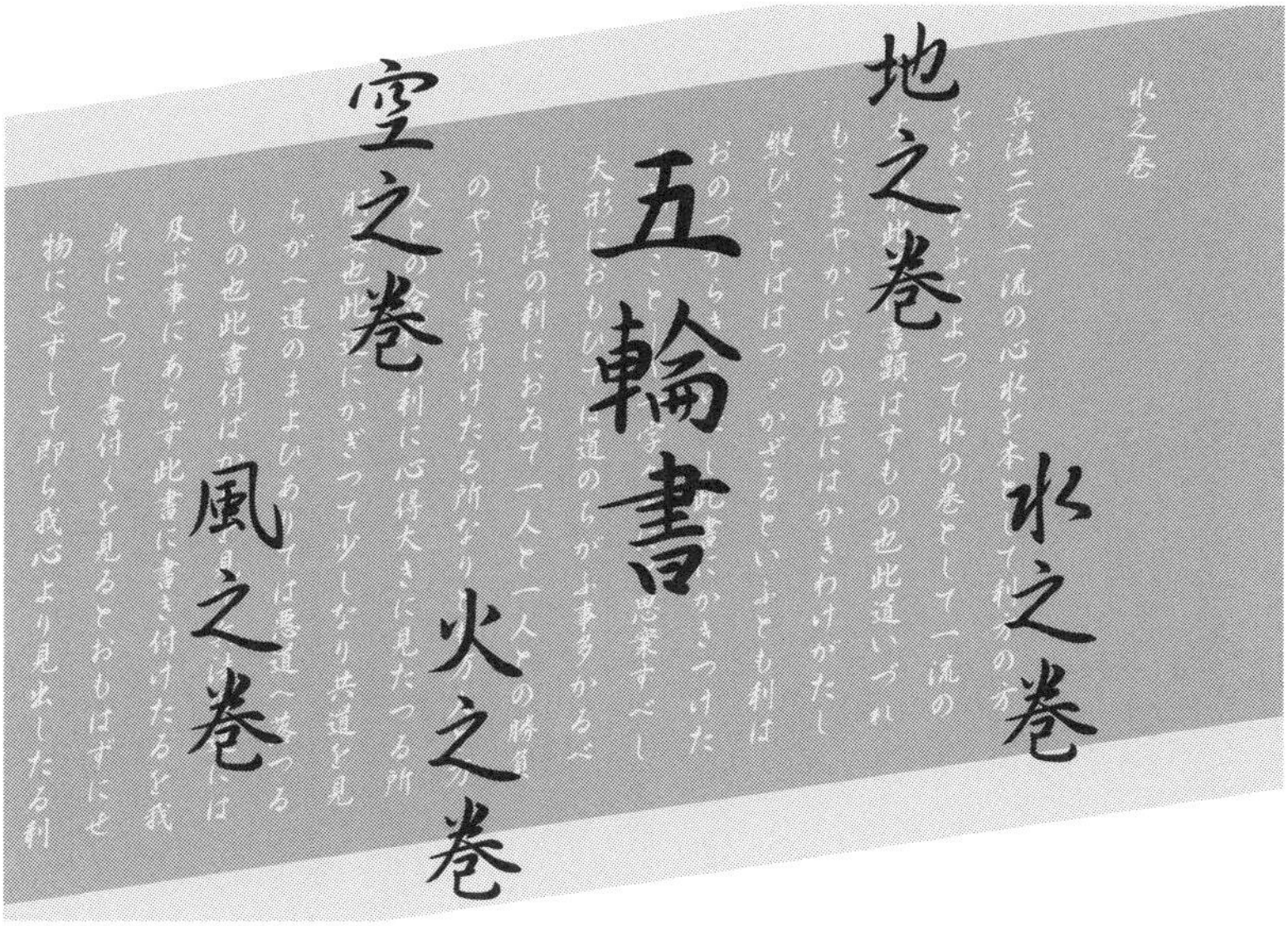

日本文化の代表的存在の一つである剣術の歴史を見ると、伊藤一刀斎、上泉伊勢守、塚原卜伝、針ケ谷夕雲、宮本武蔵から千葉周作、山岡鉄舟ほか百人に及ぶ名人達人が現れている。これら人間国宝たちの境地は流儀の違いこそあれ、その技倆はほとんど変わらないだろう。著者は、柳生連也斎にも何かの縁を感じているが、いずれにしろ、それらの人々が天理を体得していた事は間違いない。その中にあって「天理と技」（真実）について、これほど詳しく明らかにした人物は、宮本武蔵の他にはいない。しかし、『五輪書』を読んでも、その内容がわからない、難しいとする人々が大半だと思う。

その原因は「天理」の姿形を図示する事も、言葉ですべてを伝える事もできないからだろう。どんな分野であれ「真実」は発見や体験をしなければわからないものなのだ。

その内容を証明したり、説明する理論は、実は「天理」の後に作られる例え話のようなものだ。この例え話を理解できるかどうかも人それぞれだろう。けれども天理は日本文化共通の「原理」だから、似た体験がある者にはわかりやすい点があるものだ。そこで参考までに次項で著者の体験に関して、お話ししておきたい。

2 空手の理から天理へ

かつて拙著『空手の理』（福昌堂刊）で「理より入るは上達早し。技より入るは上達遅し」という千葉周作の教えについて説明した。

その中の「技」とは武蔵の説く真実としての技とは異なる。千葉周作の教えは、車の両輪、鳥の両翼のごとく理に基づく技でなければ大成しない、という教えだ。文中の〝技〟とは乱取りの事で、とかく人々が一所懸命、力一杯努力すれば、正しい修業につながると考えがちな風潮があったからだろう。今日でもそんな傾向があるようだ。千葉周作の師、中西子正は、組太刀の指導で「これは他流では形《かた》と呼んでいるが、本当は『理』の体得法である」といっており、そのために名人達人が続出したのだろうと述懐している。いつの時代でも、理の体現や理解は難しく、千

葉周作も初心の頃は、道場で一番と思われる強者が外部の者にあっけなく敗れる事に疑問を感じ、最終的には伊藤一刀斎や宮本武蔵の暗示する天理の重要性を悟った事がわかる。

まずはじめに、周作の弟子、山岡鉄舟の教えについて述べておきたい。その教えの意味があまり理解されていないように思えるからだ。それは「心正しからざれば剣正しからず。剣正しからざれば心正しからず。」という言葉だ。これは同じ事を二度言っているのではない。結局は、体感体得しなければわからない真実の教えなのだ。

はじめの「心正しからざれば」の〝心〟とは、理の大切な事を意識すべき心構えの意だ。

続く「剣正しからず」は、これまで述べたように、理に基づく正しい技にならない、という意味だ。また、次の「剣正しからざれば」は当然、先述の理のない技からは、正しい心（気構えという）に達することはできないという意で、言い換えると「無意識的にその場に応じた技」が可能になると、自ずと迷いのない一切に通ずる心境に至るという事なのだ（武蔵の説く真実の発見）。もし、そうでなければ『武道憲章』の内容も嘘になるだろうし、武道修業の本当の価値もない。

ところで著者は生来の虚弱の上、幼児期での事故の後遺症の数々に苦しみ、おまけに身体障害者（申請していない）であり、子供心にもこのまま生きていけるかどうかさえ不安だった。そこへ学校でもいじめの対象となったが、悩み苦しみもあまり感じる事なく、むしろこの苦境を脱するには強くなるしかない、という一念から、身体の鍛錬が日常化し、ついには他人には不可能な体力と精神力をつけようと諸々の挑戦をし続けた。その成果の中には世界記録と思われるものもいくつかあるが、その間何度も生死の境を体験している。それでも、絶対可能の信念を失った事はまったくなく、鍛錬を続けた。近頃、単純な根性論は歓迎されないが、一つの限界を越えるにはそんな信念なしには難しいのではないかと思う。

著者の体験から言えば、人には間違いなく火事場力以上の力が潜在している。小さい頃読んだ雷電為右衛門や、近くは若木竹丸などの力技が頭に浮かんだ。

大学で空手部に入ったが、組手は目も弱視の上、力だけではどうにもならない。ただ、組手からの打撃は気にならず、常に前進する姿は、上級生をも怖がらせたようだ。

それとともに、基本技と組手の技の関係にはパラドックスのようなものがあり、上達したという意識も長らくなかった。そしてそれまでの事はいったん忘れて、技の限界や可能性についての挑戦を始めた。いわゆる猛練習を目に見える目標をもって続けた。そんなある時、急に技の質が大変化した。何の苦もなく鋭い技が出るようになり、その他の技も動きもそのような異次元的変化が生じ始めたのだ。

その後、改めて『五輪書』を読んでみたところ、自分の技が『五輪書』とまったく一致している事を感じた。もちろん、全体的な技の調和までには時間もかかり、一段と鍛錬を要する。

3 宮本武蔵の天理とは何か

結論から言うと、「天理」とは技を出すに当たって、形や動きに顕われない心身のあるべき状態、そしてその始動のあり方と言えるだろう。

詳しく言えば、「正中線」と「足捌き」と「観の目」とが一体化する心身の状態であり、かつてより言われている「平常心と自然体」すなわち「極意」とも言える。別の言い方をすると、「正中線」を中心としたインナーマッスルを完全に使う前に無用な意識が働いたり、あるいはインナーマッスルの働きを妨害する力み（アウターマッスルの働き）が生じない、見えない体内の動き

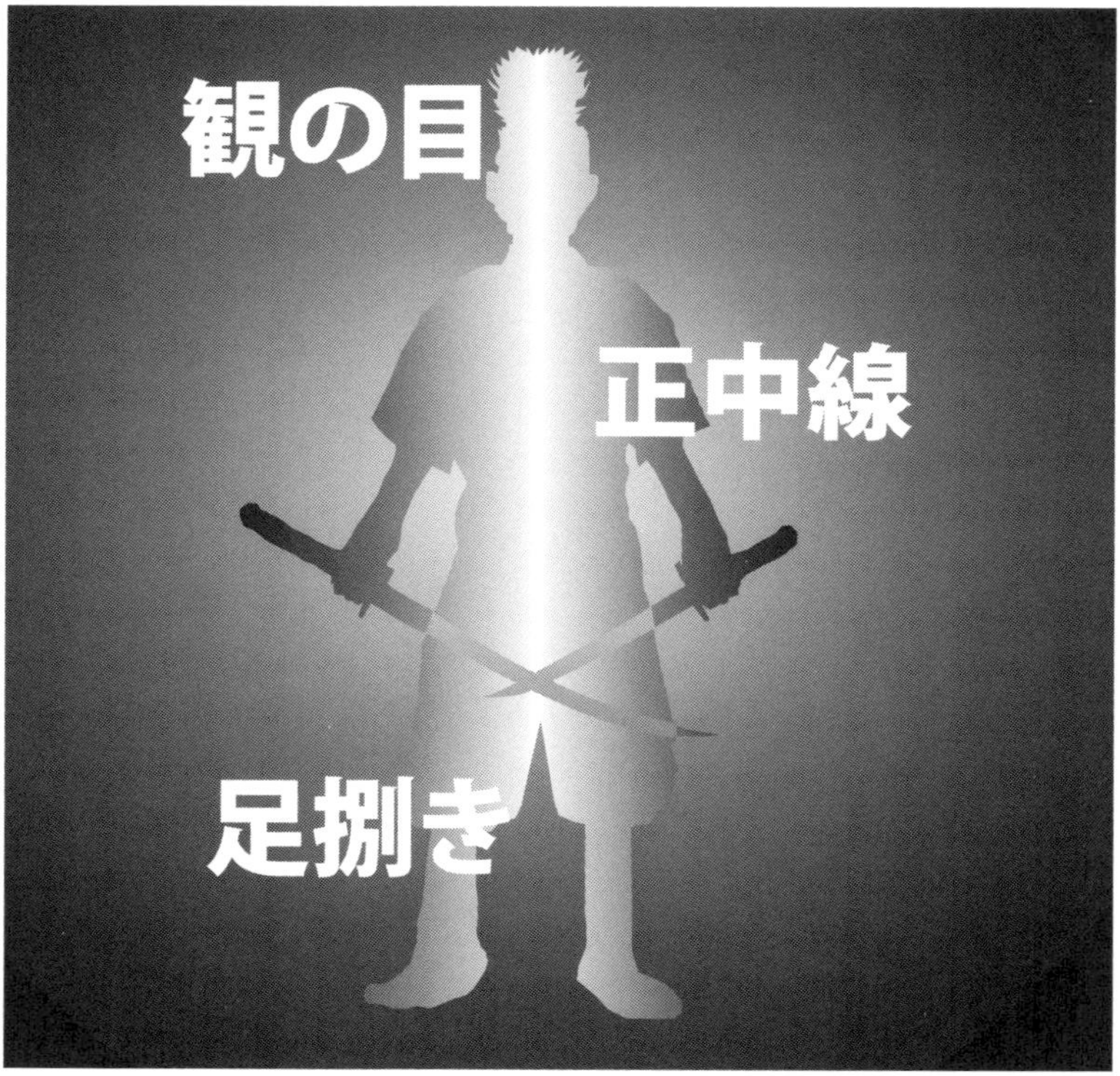

と考えてよいだろう。その八割くらいは「正中線の在りよう」にかかっていると考えていただきたい。しかし、正中線という用語は『五輪書』にはまったくない。しかし、後に示す『五輪書』の教えを完全にマスターすれば、いやでもわかる事だ。

精妙な技術や神秘的技術の背景には必ず「正中線」が関わっている。心・技・体の一致（調和）には「観の目（心）、足捌き（技）、正中線（体）」とが微妙に関わっている。その中核となるのが正中線なのだ。

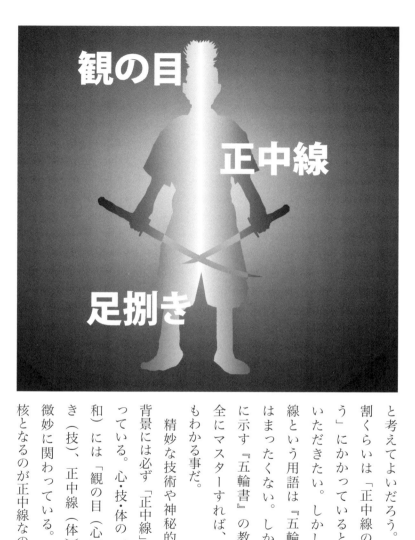

4 『五輪書』を具体的に読み解く

『五輪書』の技術と「天理」を理解するため具体的な数々のヒントとなる二天一流剣術と現代スポーツである剣道「竹刀競技」との違いを項目別に説明しよう。

それらの事項は割合簡単に説明したが、その根拠となる『五輪書』の「基本事項」について次に示す。その上で次の（1）剣の握り方、（2）立ち方・歩き方……へ進んでほしい。

そこで『五輪書』による技術的な解説以前に重要な「兵法の心持ちの事」「兵法の身なりの事」「兵法の目付という事」「太刀の持ち様の事」「足つかいの事」は、技術の基本となる大事であるから、「原文」と「訳文」（著者）および注釈を記しておく。

〈原文〉

兵法の心持ちの事

兵法の道において、心の持ちやうは常の心に替《かわ》ることなかれ。常にも、兵法の時にも、少しもかはらずして、心を広く直にして、きつくひっぱらず、少しもたるまず、心のかたよらぬやうに心をまんなかにおきて、心を静かにゆるがせて、そのゆらぎのせつなもゆるぎやまぬやうに能能《よくよく》吟味すべし。静かなる時も心は静かならず、何とはやき時も心は少しもはやからず、心は躰につれず、躰は心につれず、心に用心して、身には用心をせず、心のたらぬ事なくして、心を少しもあまらせず、うへの心はよはくても、そこの心をつよく、心を人に見わけられざるようにして、少身なるものは、心に大きなる事を残らずしり、大身なるものは心にちいさき事を能《よ》くしりて、大身も小身も、心を直にして、我身のひいきをせざるように心をもつ事肝要也。心の内にごらず、広くして、ひろき所へ智恵を置くべき也。智恵も心もひたとみがく事専也。智恵をとぎ、天下の利非をわきまへ、物毎の善悪をしり、よろづの芸能、其道〳〵をわたり、世間の人にすこしもだまされざるやうにして後、兵法の智恵となる心也。兵法の智恵においてとりわけちがふ事有るもの也。戦の場、万事せはしき時なりとも、兵法の道理をきわめ、うごきなき心能能《よくよく》吟味すべし。

〔著者訳文〕

兵法時における心の在りようは、平常の心と変わってはならない。平常も兵法時も少しも変わる事なく、心を広く集中して、かつ緊張しすぎず、たるむ事なく、何らのこだわりもなく、心を真ん中に置いて、〝心を静かにゆるがせて〟、一瞬もゆるぎやまぬように注意すべし。

静かなる時も心は静かならず、忙しい時も落ち着いて、心身を一態に保ち、身体のことは気にせず心を充実して、表面上の心は強そうでなくとも、強く気力を保ち全神経を働かせて、本心を

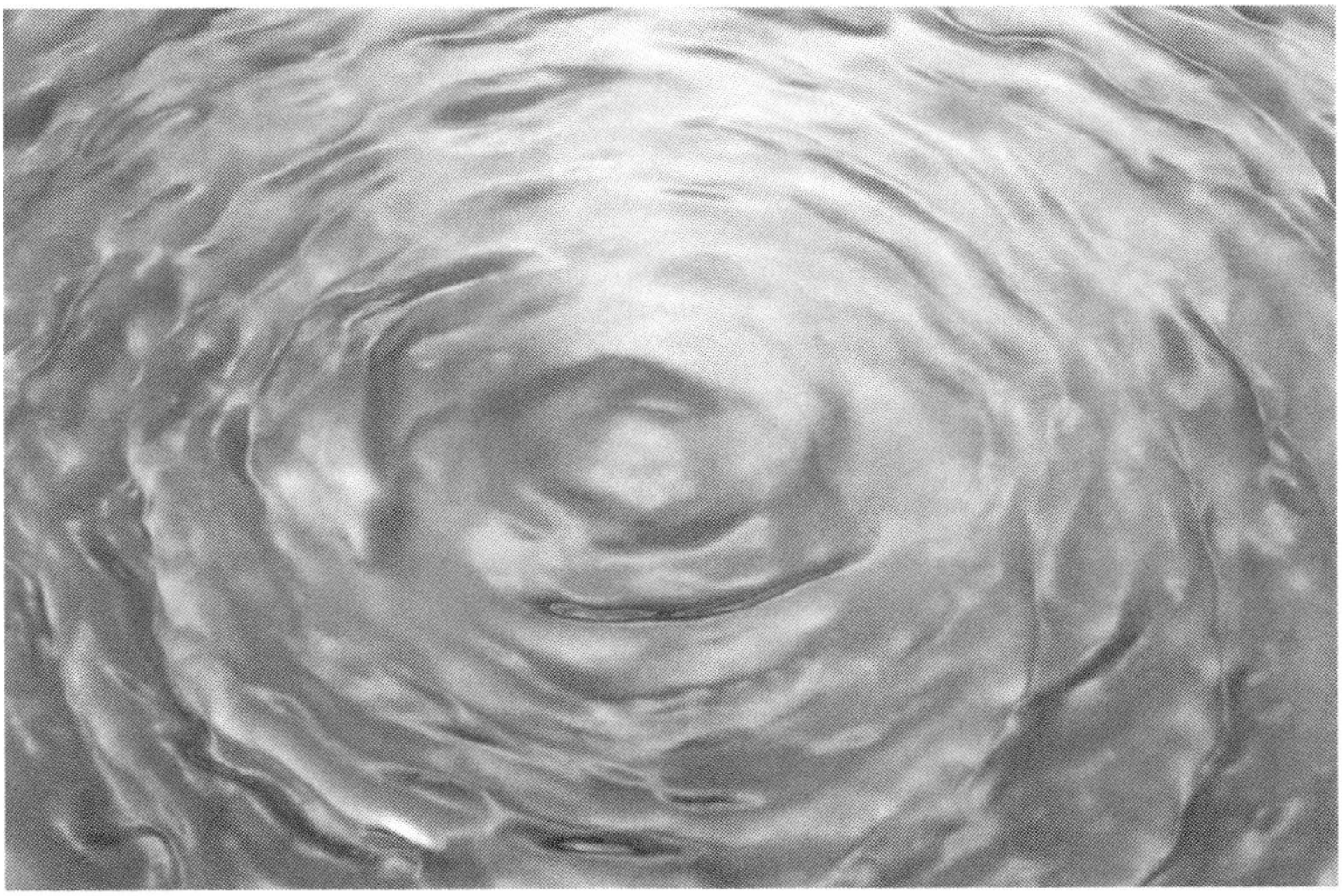

他人に見抜かれないようにせよ。身体の大小による利点弱点も知るとともにその利点にこだわらぬよう心を保つ事が大切である。広く邪念のない知恵を保つべきである。

〝知恵も心（智恵）〟ともに磨いて世の利非をわきまえ、物事の善を心得て、諸々の芸能やその道その道を体験し、世間の人に少しもだまされないようにして後、兵法の智恵とすべし。兵法の知恵には世間の知恵とは格別違う事もあるから、戦いの場で万事せわしい時でも、兵法の道理を極めて不動心をよく検証せよ。

〔著者注釈〕

いわゆる平常心の大事を説いている。しかし、今日の人々の多くが、平常時の平常心を欠いているため、平常心を理解体得し難いようだ。

それゆえ、平常心は兵法の平常心から学べと教えていると解すべきであろう。その内容が、「心をまん中において、心を静かにゆるがせて……」に示されている。まん中の心とは、無心（無意識としての心）であり、静かにゆるがす心とは顕在意識―通常の意識「五感の働き」である。それを静かにゆるがせて、というのは、通常の意識が無意識と融合し、コントロールされていれば、次に示すような心身の不一致は生じない。われわれ常人は、とかく心の働きが、過去未来を通じてアナログ的に流される（迷い）から、時々刻々（永遠の現在）とデジタル的に働かせる事が極意（意識の極み－無の真意）と教えている。

また、兵法上の判断力は、高い立場から養わなければ戦術戦略を失する恐れがあるから芸術芸能その他の道から学んで、その利害得失を広く社会の正不正や善悪を学んで、世間の人からだまされぬようになって後、初めて兵法の精神を保つよう注意している。

兵法も一種の騙し合いでもあるから、世間の人に騙されるような心では話にならない。

また、武蔵は『五輪書』の後半では「心」を「意」（通常の意識）と「こころ」（無意識）とに分けて説いている点、当時としては非常に優れている。しかし、全文を通じて読むと文字の不統一、表現不足、誤りも少なくない。ただ、死の直前の心身の状態および劣悪な環境や、原文の校正もなく、二、三度後人が書き写したことも考えると仕方ない事であろう。

平常心を養うためには知恵（意識）と智恵（意識と無意識だけでなく身体の働きとが完全に融

合した状態）とを分けへだてなく広く学んで自得する（修業）必要がある事を教えている。ゆえに、兵法の〝智恵〟という。

なお、『五輪書』の解釈が難しい理由は、学識の不足ではなく、その内容の体得の有無によるものだと思う。

〔原文〕

兵法の身なりの事

身のかかり、顔はうつむかず、あをのかず、かたむかず、ひずまず、目をみださず、ひたいにしわをよせず、まゆあいにしわをよせて、目の玉うごかざるやうにして、またたきをせぬようにおもひて、目をすこしすくめるやうにして、うらやかに身ゆるかを、鼻すじ直にして、少しおとがいを出す心なり。首はうしろのすじを直に、うなじに力をいれて、肩より惣身はひとしく覚へ、両のかたをさげ、背すじをろくに、尻を出さず、ひざより足先まで力を入れて、肩のかがまざるように腹をはり、くさびをしむるといひて、脇差のさやに腹をもたせて、帯のくつろがざるように、くさびをしむるというおしへあり。

惣而《そうじて》兵法の身において、常の身を兵法の身とし、兵法の身をつねの身とする事肝要也。能能吟味すべし。

観《かん》の目

ひと所にとらわれる事なく、全体を同時にとらえるような物の見方。平常心によって自然にそうなる。

見《けん》の目

何かに集中する物の見方。凝視。
相手の“剣”や、スポーツならば“ボール”など、どうしても注視してしまいがちだが、それだけにとらわれてしまう事こそが“居着き”で、結果として的確な対応ができなくなる。

〔**著者注釈**〕

先の平常心に伴う兵法で不可欠な自然体である。現代人は着物や刀を持たないからその点は工夫すればよい。観の目の条件や心掛けにも注意が及んでいるのは、先述の心構えが、こうした気構えには必ず観の目が伴うものである。そうした者同士の間には超感覚的知覚が働くことも多く、時空を超えたシンクロニシティが起こりやすい。そして大事なことは「兵法の身なり」をもって「正中線」（静的な）を暗示していることである。

〔**原文**〕

兵法の目付という事

目の付けやうは、大きに広く付くる目也。観見二つの事、観の目つよく、見の目よはく、遠き所を近く見、ちかき所を遠く見る事兵法の専也。敵の太刀をしり、聊《いささ》かも敵の太刀を見ずという事、兵法の大事也。工夫有るべし。此目付、ちいさき兵法にも、大きなる兵法にも同じ事也。目の玉うごかずして両わきを見る事肝要也。かやうの事、いそがしき時にわかにはわきまえがたし。此書付を覚へ、常住此目付になりて、何事にも目付のかわらざる所、能能吟味あるべきもの也。

〈著者注釈〉

「大きに広く付ける目」とは、前項の自然体で詳しく説かれているように視界を広く、何物にも目（見の目）が居着かぬようにすれば、自然に働く能力であり、「観の目」と呼ばれる。

自然体、平常心から生ずる自然な能力である。

観の目は、動体視力などではなく、五感による総合的感覚である。球が止まって見えるとかスローモーションに見えるとか、一瞬の将来の姿さえ見える能力である。向かってくるライフル銃の弾丸が見えた話も聞く(小野田寛郎氏、植芝盛平師など)。観の目の能力は「相手の武器を見るな、技を見るな、相手も見るな」（植芝盛平師）との教えのように、観世音菩薩のごとく「世間の人々の苦悩という声なき声を観じて救う」神通力にも通じる能力である。平常心と自然体を一段と磨き、力む事なくリラックスできるかどうかにかかっている。

刀は手の内に空間を作らぬように密着させて持ち、薬指と小指を心持ち締めるようにして使う。自由度が損なわれず、大きな力を伝える事ができるこの握りの合理性はスポーツにおいてもそのまま通用する。

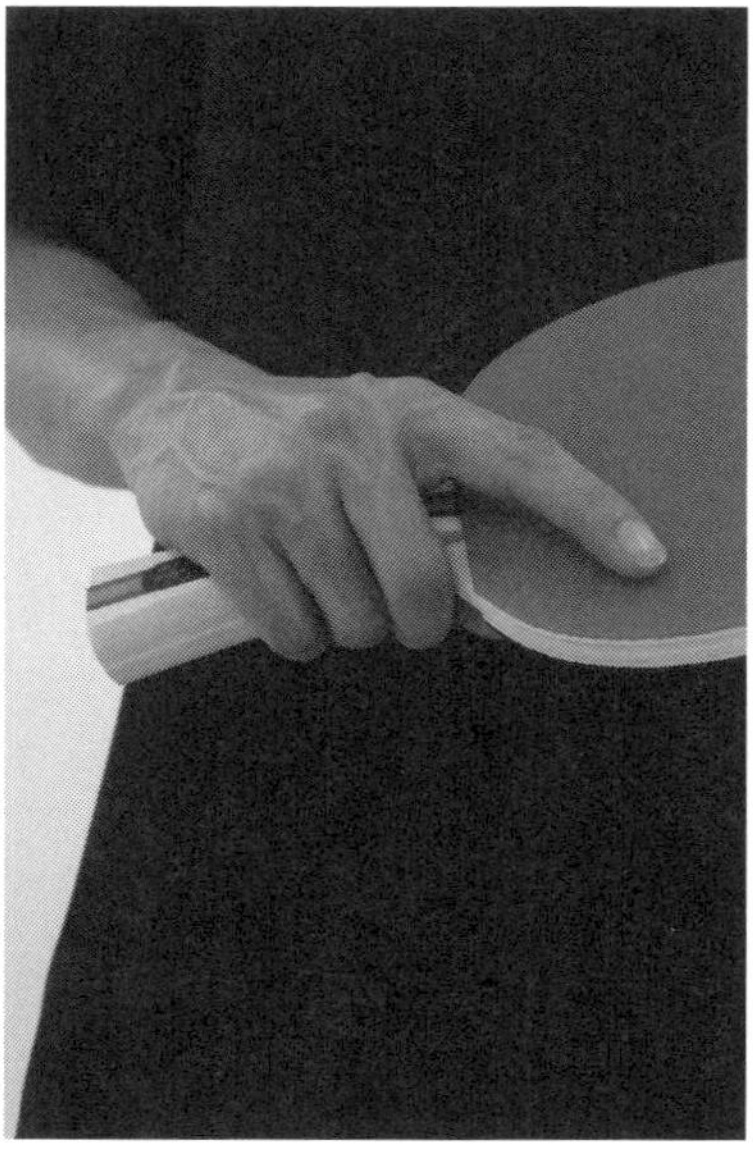

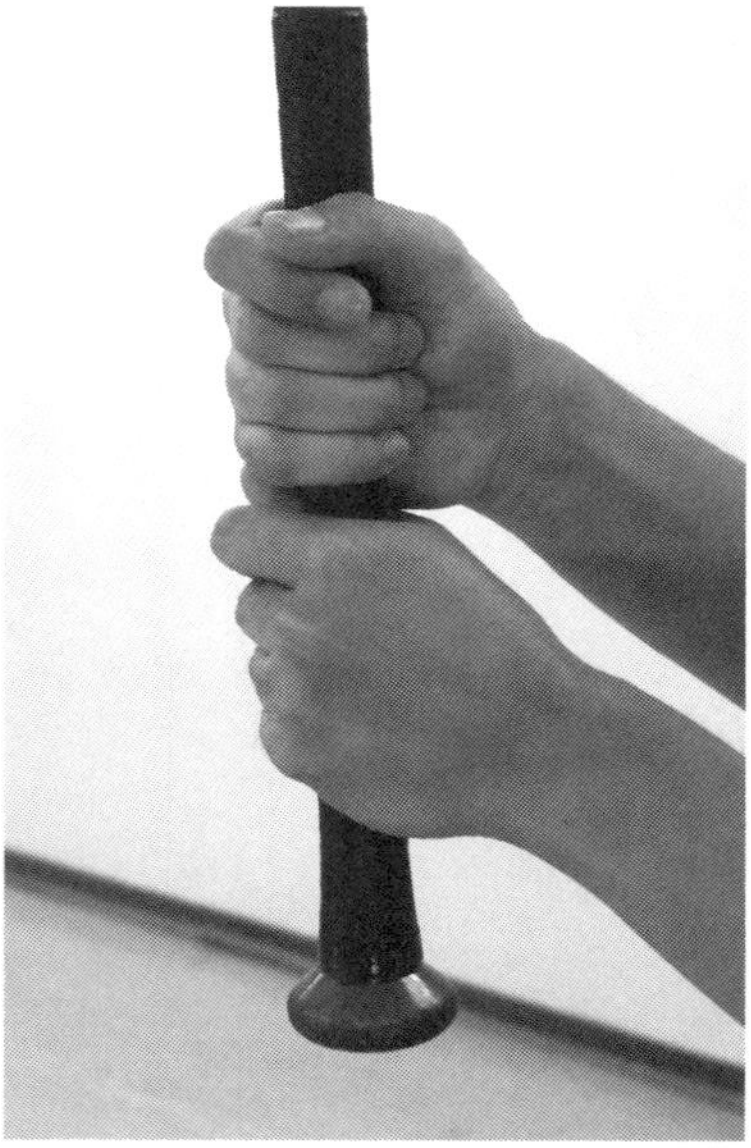

〔原文〕

太刀の持ちようの事

太刀のとりやうは、大指ひとさしを浮ける心にもち、たけ高指しめずゆるまず、くすし指、小指をしむる心にして持つ也、手の内にはくつろぎのあること悪しし。以下省略

〔著者注釈〕

太刀の持ち方は、野球のバットの握り方と変わらない。野球のバントのように左手を離すような手の内を開けて握る（くつろぎがある）竹刀競技の場合とは異なり、剣術者はすべて左右の手の握りを触れている。バントと同じように小手先の技であってはならない。

〔原文〕

足づかいの事

足のはこびやうの事、つまさきを少しうけてきびすをつよく踏むべし。足づかいは、ことによりて、大小遅速はありとも、常にあゆむがごとし。足に飛足、浮足、ふみすゆる足とて、是三つきらふ足也。此道の大事にいはく、陰陽の足といふ是肝心也。陰陽の足とは片足ばかりうごかさぬもの也。きる時、引く時、うくる時迄も、陰陽とて、右ひだり右ひだりと踏む足也。返々、片

足ふむ事有るべからず。能能吟味すべきものせ。

〔**著者注釈**〕

常に歩むがごとしとは、散歩しているような一瞬も居着くことなく歩くことだが、小またで歩く場合、少々難しい鍛錬が必要である。それは、ゆっくりスムーズに歩こうとしても通常居着く（片足に体重がかかる）からである。しかも、右左右左とか左右左右と歩くこと、また、その連続となると一段と難しい（相手がいると）。そこで、発明されたのが「すり足」である。「能」の場合はよいが、歩く速度、方向を微妙に変えたり連続したりする場合は、体の位置を一瞬に変化することができない（攻防一体の死角からの攻防技術）。それゆえ、一方の足を動かすということは、たとえ次にもう一方の足を動かしても、必ず二度居着くことになる（陰の足とは、相手からも見にくい足）。

この困難を解消する方法は「兵法の身なり」で示されている「重心移動に両足がついてくる歩き方「すり足」である。「すり足」の意味する所は、〝地面に足裏をすらせて動かす〟事ではない。居着きのない、すべるように動かせる足なのだが、この足には浮き身という操作が欠かせない。合わせて次章でご紹介したい。

浮き身による「すり足」は地を蹴ることも、ブレーキをかける必要もない。居着くこともなく、

すり足

すべるように足を進める。両足の自由度はどの瞬間にも失われる事がない。

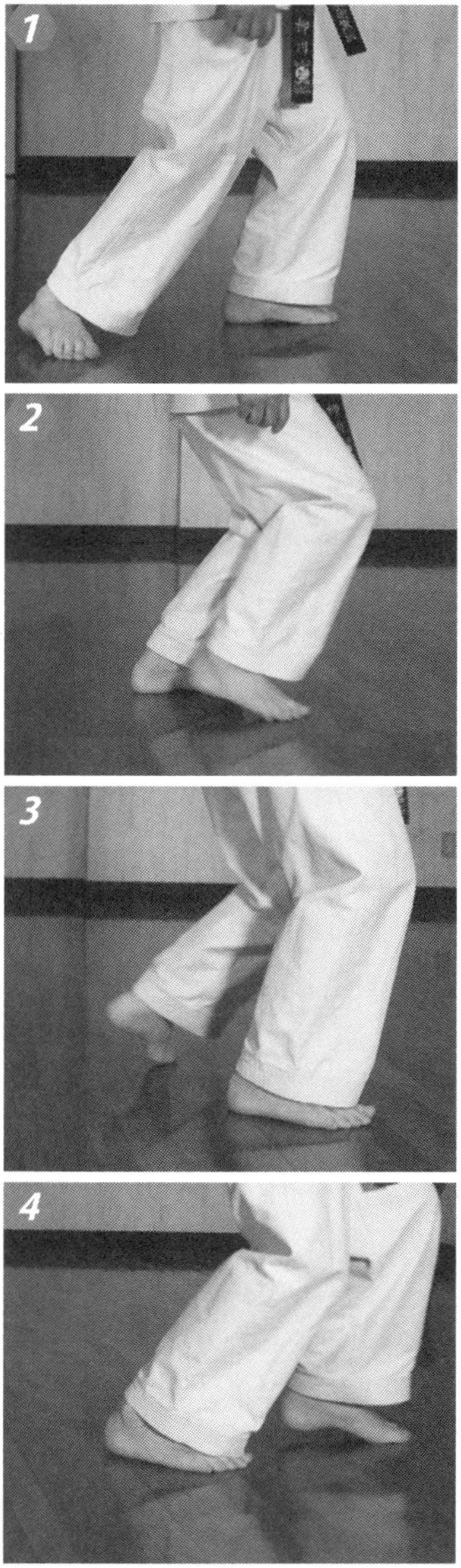

居着いた歩み足

普通の歩み足は、片足に全体重を移して、そこを軸に逆足を動かして～の繰り返しなので、片足に全体重をのせた瞬間など、必ず自由度が失われる〝居着き〟が生じる。

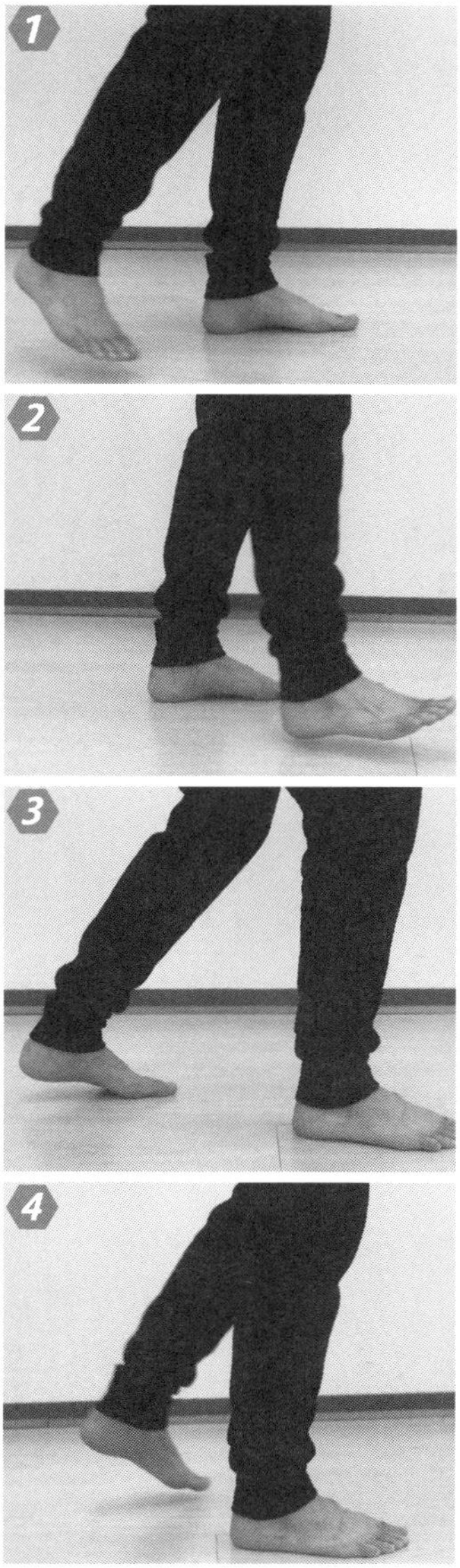

後足踵を着いて体が乗った突き。大きな力が相手に伝わる。

連続も可能で余計な力も不要、かつ動きの起こりも見えない（ノーモーション）。便利重宝この上なし（蹴り足も楽で強力となる）の上、突き技も体重が乗り、深く突く事が自由にできる。

後に説明する「寸止め」は、この原理によってのみ可能となる（武蔵や山岡鉄舟の技）。結局のところ、観の目も含め、居着かぬ足捌きのすべてが「正中線の働きによる」のである。具体的には後述する。

ともあれ「足運び」とは、正中線の働きによって両足を運ぶことである。

それゆえ、飛足、浮き足、ふみすゆる足は、論外である。竹刀競技でも後足がつま先立ちとなっている。その後、飛び足から踏みすゆる足は、この三つきらう足（すべて居着く足）となっている。「きびすを強く踏む」とは後足の踵の事である。

むろん、ドンと踏む踵の事ではない。

体を回転して打つボクシングのストレートと異なり、後足踵に体が乗っていない突きは、空手でも威力（アテファー）がないことは、十二分に立証されている。そうでなくては、泳いだとか突っ込んだ形になる（この理はスポーツでも同様である）。

念のため次項（他流に足づかいある事ー風の巻）を参考に供する。正中線の一大事ゆえ。

〔**著者要約**〕
他流に足づかいある事
足の踏みように、浮き足、飛び足、はねる足、踏みつける足、カラス足などといって、いろいろと足を素早く使う方法がある。これをわが兵法より見ると不足と思うことである。浮き足を嫌うのは、戦いになって浮き足立つというように、地に足が着いていなければろくなことがないからである。また、飛び足を嫌うのは、飛ぶ時、起こりがあり、その結果として居着くという二重の欠陥を生ずる。
しかも、何度も飛ぶ必要がないからである。
また、はねる足も二度の居着きもあり、そのままでは決着をつけることができない。技に直結する足にならないからである（千葉周作は、高柳又四郎に対し、フットワークを試している。踏みつける足は、侍の足といって、特に嫌われる（侍とは後手をひきやすいこと─後手を踏むという）。その他カラス足などいろいろな早足法がある。沼、田、山、川、石原、細道で敵と斬り合う事もあり、それらの足は使えない。わが兵法では、足は変わった所はなく、常の道を歩むがごとし。

敵の拍子にしたがい、いそぐ時、静かなる時の身の位を得て、足らず、余らず、足の乱れる事のないようにすべきである。大方の兵法でも足運びは重要視されている。それは敵の心を知らず、やたらと早くかかるとタイミングを失って勝てないものである。また、出足が遅すぎては、敵がうろたえ崩れるところを付け入る事ができず、勝負のタイミングを失して勝機を逃し、早く勝つ事ができなくなる。敵がうろたえ崩れる状況をよく判断し、敵に少しも余裕を与える事なく勝つようにする事が大切である。ここの所をよく鍛錬する事。

〔著者注釈〕

重心移動による足捌き（と同時に出す技）は、日本文化の華であろう。著者は生来の不器用のため生死の境で、この居着かぬ足捌き（短い勁のような動きも）を偶然に体得した。

それによる「武勇伝」も自ら当たり前と思うほど足運び（正中線の働き）は、勝負の核心である。フットワーク（ボクシングを除く）は、武器による勝負をすれば、「はねる足」は攻防ともに危険な事が、すぐにわかる。

第2章 当てて、打つ

1 脱力して当て、発力をもって打つ

〈原文〉

打つとあたるといふ事

打つといふ事、あたるといふ事、二つ也。打つといふ心は、いづれの打にても、思ひうけて慥《たしか》に打つ也。あたるはゆきあたるほどの心にて、何と強くあたり、忽ち敵の死ぬるほどにても、是はあたる也。打つといふは、心得て打つ所也。吟味すべし。敵の手にても足にても、あたるといふは、先づあたる也。あたりて後を、つよくうたんためなり。あたるはさわるほどの心、能くならひ得ては、格別の事也。工夫すべし。

本章では、いよいよ本書のメインテーマと言っても過言でない「当てて、打つ」という術理について掘り下げてみたいと思う。

冒頭にあげたのも『五輪書』水之巻に登場する一節であるが、ここでまず重要なのは、武蔵は「打つ」と「当てる」という事を別物と考えていたという事だ。

「当てる」は触れるほどのレベルから始まる。「打つ」とは、確かな威力を発揮せんとする動作だ。

　例えば、確かな威力を発揮せんとする動作が最初から最後まで精確に遂行されるのならば、そもそもあまり問題はない。しかし、これはいわば、〝どんなボールであろうとも常にホームランを狙ってフルスイングする〟ような行為に相当する。

　刀が相手に触れるまで、野球のバッティングならばバットがボールに触れるまでは、動作はいささかの力みもなく、精確に遂行されなければならない。このプロセスにおいて力みが不要なのは誰の目にも明らかだろう。

　そして、精確に当てるべき場所に当てたら、その後に打てばよい。ブンブンと最初から力みまくったフルスイングでなければ威力が出ないような気がするのは、先入観にすぎない。フルスイングのような雑にならざるを得ない動作は、「当たればでかい」というバクチに過ぎないのだ。

精確さと威力は、ある意味〝相反するもの〟と思ってしまっている方は多いと思う。だから、「威力ある動作が、それでもなるべく精確に行なえる」ように、練習するのだ。しかし、武蔵は別のプロセスとして分けてとらえる事であっさり解決してしまっていたのだ。

2 〝手の短い猿〟のように

武蔵は太刀を雑に振り回すような戦い方をしなかった。もし仮に今、刀を持って斬り合いをしろと言われたら、誰でも、できる限り長く持って、できる限り遠い間合いから〝届いてくれ！〟とばかりに振り回して戦いたくなるのではないだろうか。

しかし、武蔵が『五輪書』で説いたのは逆だった。

〔原文〕

しうこうの身という事

秋猴とは、手を出さぬ心なり。敵へ入身に少しも手を出す心なく、敵打つ前、身をはやく入る心也。手を出さんと思へば、必ず身の遠のくものなるによつて惣身をはやくうつり入るる心なり。手にてうけ合はするほどの間には、身も入りやすきもの也。能々吟味すべし。

「秋猴《しゅうこう》」とは聞き慣れぬ言葉ではあるが、〝手の短い猿〟を意味している。手の長さ、刀の長さを頼りに遠間からチョンチョンと戦うのでなく、入り身の大切さを説いている。

では、どのように入り身するか？

相手がある場合、速く入れば有利になると思うのは間違いと思った方がいい。スピード争いは、真実ではない。

「秋猴の身」とは、手の短い猿が敵と戦う時、手に力を入れず、動かさず、ゆっくりと自然に迫る様子に例えた教えだ。武蔵はそれを「大胆・細心」と説いている。これは、体は大胆に、細心の注意の上で、ゆうゆうと接近せよという教えだ。かつて武道家が「手がなくなれ、手がなくなれ」と念じたのは、手が動くと体が止まるからなのだ。「大胆・細心」の反対は「無謀・臆病」と表している。この両者の差が、達人と素人の差といってもよいほど大事な教えだ。「大胆・細心」は「自然体・平常心」とも同じことだ。

常人の常識と野生動物の本能的動きのどちらが天理にかなっているかに対する武蔵の答えだ。この理によってあくまでも接近すれば技の失敗は絶対にない。なぜかを簡単に説明しておきたい。

例えばゲームセンターには、車の運転ゲームがある。車の進行につれて画面が次々とこちらに向かって変化するから、いずれ失敗する事が多いだろう。このゲームでは車は前進しているのではなく、画面の方が迫ってくる。

もし、敵が止まっており、自分が前進すると敵はゲームの画面のように動く物を「見の目」でとらえようとするために「観の目」が弱くなる。しかし、ゆっくりと迫る側は「観の目強く、見の目弱く」なり、相手の反応や決断がよくわかるのだ。だから技を同時に出しても体が走っていくから技のスピードは自分が優る。けれども、無意識での観の目が弱くなった相手は、見の目による意識的居着きが生ずるため技を出すタイミングがつかめず、あわてるか、または焦るものだ。それゆえ、相手のあわてて出す技には後の先、焦った技には先の先で楽に攻撃する事ができるだろう。前進速度や方向を少し変えると一段と有利になるものだ。人はゆっくりと迫られる事が苦手なのだ。この「秋猴の身」は「影を動かしたり、影を押えたりできる」利もあるから、十分に鍛錬しなければならない。

自他ともにスピードに頼る事は観の目を失う。しかも、ゆっくり迫る事で、相手の反応に応じて死角からの攻防一体が楽になる。

勝利への大原則は、自らのペース（主導権）で戦う事を教えているのだ。

なお、いかに接近しても、自ら先に技を出さない事が大切だ。「秋猴の身」は正中線と観の目が渾然一体となっていなければ成功しない。大成を妨げる最大の理由は、その点にある。

3 入り身するために本当に必要な〝足〟

「足づかい」については1章でも触れたが、その目指すところは〝居着かぬ足捌き〟、すなわち、一瞬たりとて止まらない足だった。入り身するために必要不可欠なのがこの足なのだ。

『五輪書』では両足の踵をしっかりと地に着けるように注意している。武道の始動法が重心移動で始まり、足で地を蹴る必要はなく、かつ自然に加速度（方向の変化も）が得られるからである。『剣道』では後足はつま先で立っている。つま先で地を蹴るためには、まず反動をつけ、さらに地を蹴るという二度の居着き（時間的停滞）を生じる。武道で何よりも嫌う事は居着きである（相手からも気配がわかりやすい）。

しかも、スピードは段々遅くなり、着地の居着き、特に後足の居着きは間合いの面でも大変よくない。つまり前足はちょうどよい位置にあるようでも、後足が少しでも遅れると、重心移動になっていないからだ。

武蔵は、飛び足、跳ね足、カラス足他諸々の足を居着く足、「死ぬ足」と呼んだ。

飛び足、跳ね足、フットワークなどは最もよくない始動法であり、居着かぬ足捌きを体得するとすぐわかる事だ。後述するようにサッカーのゴールキーパーがつま先で立つ事も大変まずい事である。それでフットワークする自分へ秋猴の身で迫ってくれ、という者が多数いる。何度試しても真実は唯一であるにも関わらず。

剣道の場合も、地を足で蹴る事でスピードを重視するためかもしれないが、それは一種の迷いである。『五輪書』で武蔵は「スピードを求めるのは真実ではない」。「タイミングを知らないため速いとか遅いとか感じるのである。名人達人の技は決して速くはみえないものである。それはタイミング（拍子）を心得ているからである。常人が速いと考えるのは、急いでいるか、あわてているかのどちらかである。と述べている（後述参照）。

「一寸手まさり」といって、素人が相手より少しでも長い武具を選ぶのも同様の迷いである。

4 移動の原理―すり足と浮き身

『五輪書』では、歩き方について「常に歩くがごとく」（歩み足）、ないし、一方の足だけ動かすことなく必ず左右ないし右左と一瞬に動かすことが大切（寄り足、送り足）と述べている。特に陰の足（相手から見えにくい方の足）が素早く一調子で動く事が技の大事な要点であると説いている。

こうした歩法は一見何でもないように思われるかもしれないが、一つの技で両足を素早く動かす事は、最も難しい事である。なぜならそのためにはすべるような吊り型の正中線による重心移動ができなければならない。故人たちにとっては当たり前であった「すり足」もこの結果である。浮き身による微妙な重心（正中線の中心）の移動により、一瞬に両足の転位と手技などの転技がリラックスしたまま、全身による攻防をもって行なえる唯一の方法なのだ。

普通に立ち、両足を同時に移動させろと言われても、普通はできない。それは、両足には体重による負荷とそれによって生じる地面との摩擦力があるからだ。浮き身とは、それを限りなくゼロ化する操作に他ならない。もちろんジャンプする事ではない。そんな事をすればたちまち居着いてしまう。

まず、両膝、股関節を瞬間的に〝抜く〟。この〝抜く〟という操作も馴れないうちは難しいが、実はさほど修得困難なものでもない。関節を〝抜け〟と言われると最初のうちは「曲げよう」としてしまいがちだが、それほどの操作でもない。スイッチをＯＮからＯＦＦにする、という感覚の方が近いだろう。無論、脱力が不可欠だ。

両膝、股関節を〝抜く〟事に成功したら、瞬間的に〝落下状態〟になる。それまで両足を支配していた自重から解放され、瞬間的に両足がフリーになるのだ。両膝を微妙に引き上げる意識で行なうとよい。この状態が浮き身だ。

斜め前方へ落ちながら、浮き身によって「すべるかのように腰（重心）の上に両足を運ぶこと

浮き身を使ったすり足移動の原理

立っている状態の両足には体重がかかっており、それによって生じる地面との摩擦力とで動かせない状態にある。足を動かしたり上げたりするためには、片方ずつを、逆足に全体重を移しつつ行なう。瞬間瞬間に必ず居着きが生じる。

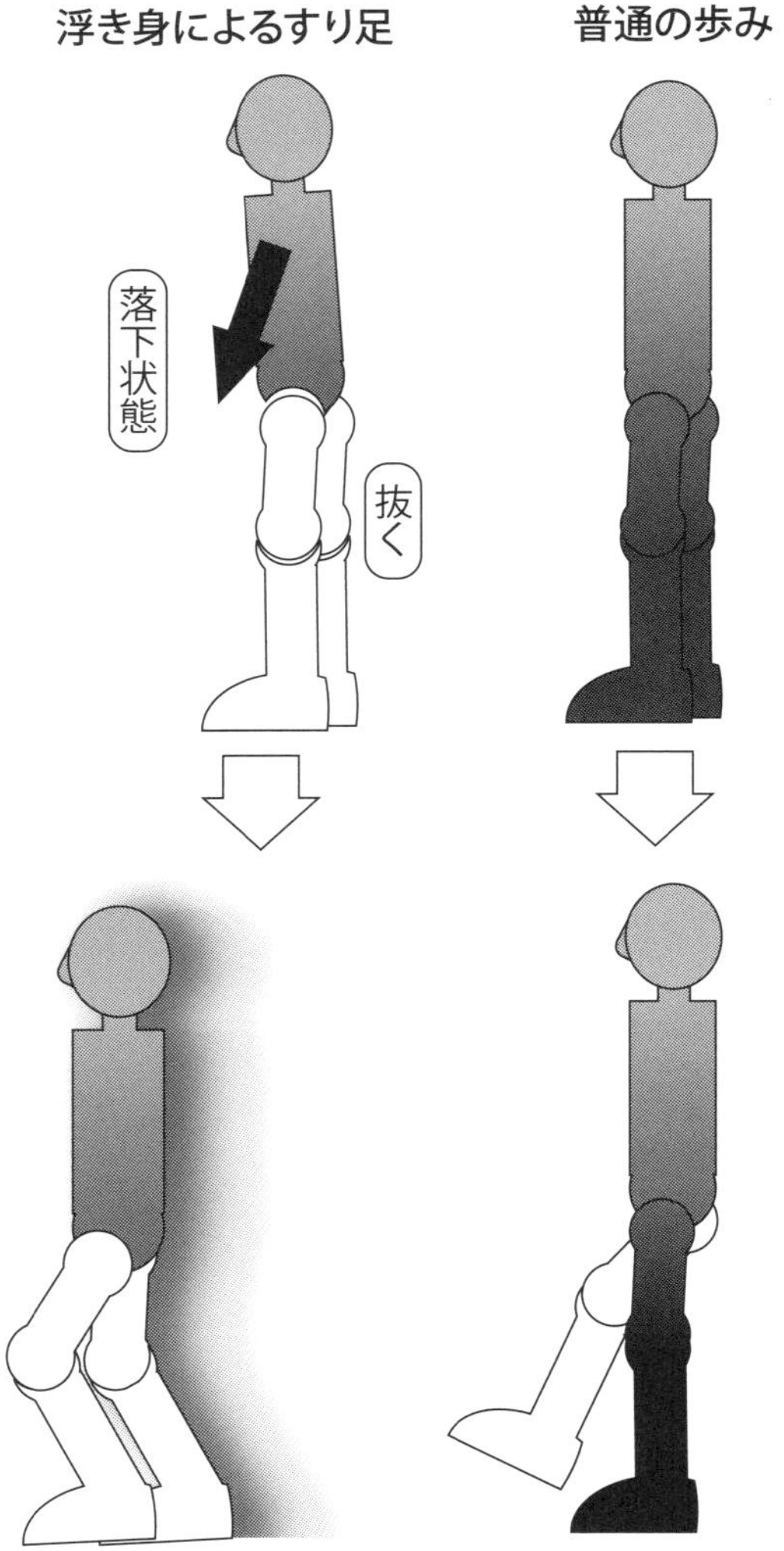

膝、股関節を瞬間的に〝抜く〟事によって、前方への〝落下状態〟を作る。落下中の両足はフリーとなり、同時にさえ動かせるため、全体の重心移動につれて両足同時に追随させると、あたかも滑るかのようなすり足移動となる。

ができる」から、地を蹴ることも、ブレーキをかける必要もない。居着くこともなく、連続も可能で余計な力も不要、かつ動きの起こりも見えない（ノーモーション）。便利重宝この上なし（蹴り足も楽で強力となる）の上、突き技も体重が乗り、深く突く事が自由にできる。

それゆえ、例えばまず前足だけの前進法は居着きを生ずるだけでなく、十分な重心移動にならず、その後、後足を進めても居着きが生じてスムーズに移動した事にはならない。正中線（特にその重心―丹田などという）の移動につれて、両足をマリオネットのように「すり足（踵）」で動かせばまったく居着きは生じない。しかもその瞬間に技も出ているから武道の技はすべて一調子で攻防一体の動きができる上、無駄な力を必要としない。

この点は想像を超えた大事なのだ。

ゆえに、その間のリラックスにより正確かつ強力な技が可能となる。その点では武道に最も近いスポーツは卓球かもしれない。最近、卓球界では日本の若い選手たちの上達が目覚ましい。しかし、武道家からみると、いまだこの足捌きができず、動きが3拍子となっており、大変残念に感じる。この点を改善すれば、正中線や観の目の能力も一段と上がるはずだ。ただ、卓球で必要な正中線といっても相撲や重量挙げのような「地面に支えられた正中線」ではいけない。吊り型（体操型の正中線）でなくてはならない。中国の卓球選手の一部は、この点が優れている。

後述の「当てて、打つ」武蔵の技法も卓球にも大きく関わる教えだ。その際の時間差の問題は

0・1秒でも技の自由度に大きく関わってくる。

5 当てて、打つ事（短勁の真相）

『五輪書』で教えている「当てて、打つ」事は最も大事な教えの一つだろう。『五輪書』ではターゲットに当てる剣の部位は「鍔元六寸」と教えている。しかし竹刀競技では竹刀の先端から三寸から四寸の部位で叩いている。剣術でもそんな場合がない訳ではない。しかし、基本的には鍔元六寸の部位をターゲットに当て（触るほどの意）、その直後に強く打つ（斬る）ものと教えている。自ずと〝刺身を切る〟ようになる。

そのためにも先述したように超接近戦にもちこむ必要がある。次に「しつこうの身」があるからだ（『五輪書』において「しうこうの身という事」の次の項として記されている）。この項も参考までに記しておこう。

〈原文〉

しつこうの身という事

漆膠《しっこう》とは、入身に能く付きてはなれぬ心也。敵の身に入る時、かしらをもつけ、身をもつけ、

「短勁」とはおもに中国武術で用いられる用語だが、その操法はあらゆる武術に内包され、活用されている。大きなテイク・バックや慣性力に頼らず、短いレンジでも瞬間的に大きな力を発動する。
操法としてはそれほど難しくはないが、〝本能的〟な動きなのでいかに「想い出せるか」がポイント。インナーマッスルを活用する。

足をもつけ、つよくつく所也。人毎に顔足ははやくいれども、身ののくもの也。敵の身へ我身をよくつけ、少しも身のあいのなきやうにつくもの也。能々吟味有るべし。

※「漆膠《しっこう》」とは「漆《うるし》」と「膠《にかわ》」の意。敵の身に己の身を密着させよという〝超接近戦〟の教え。

遠間からジャブで突き合うようでは決着がつかない。しかし、鍔元六寸で「当てて、打てば」当然空振りはない。野球でも卓球でも上級者は例外なく「当てて、打って」いる。そのため大切な事は「無意識に当てて」意識的に打てる事だ。とくに無意識的に当てるにはリラックスと観の目でみる時間的余裕であり、その余裕を作るための居着かぬ足捌きなのだ。

その結果、最も強力で確実な打撃法は、拳法や武道空手で使用する短勁とか寸勁と呼ばれる短打法だ。そうした高度の技術は、インナーマッスルをフル稼働しなければとてもできない。究極的にはゼロインチパンチですら十分可能だが、現代剣道では体得し難い技術だろう。もし、剣道家が短勁技法を鍛錬すれば、森寅雄の得意技である「二度斬り」も沖田総司の三段突きでも鍛錬次第で十分可能になる。実は、短勁的技法は誰でも本能的に識っている技法なのだ。例えば、皿の上の肉片にそっとフォークを当て、グッと刺す。遠くから勢いよくスピード十分にそうする事はないだろう。また、人を確実に暗殺しようとするなら、相手にゆっくり近付き脇腹に短刀をそっと当て、一気に体ごと突き込むだろう。そうしなければ失敗する事が多くなる。ピアノの演奏にしても短勁の連続だ。決して特殊な技術ではない。

もう一つ大事な事は、武蔵の説明している「三つの受け」が、いずれも「受けのための受け」ではなく、常に攻防一体となっている事である。なぜなら「秋猴の身」は自己のペースを保つためには、必ず自分から入って行く事が不可欠だからである。自分から先に入る間を詰める事が、戦いの主導権を握る大切の条件であり、その理由は「秋猴の身」の説明で明らかにした通りである。したがって、武蔵の説く「三つの受け」はその時の相手の反応（タイミング）により、「対々先」「先の先」「後の先」のうちいずれかになる事は理解できると思う。

〔原文〕

三つのうけの事

三つのうけといふは、敵へ入りこむ時、敵打出す太刀をうくるに、我太刀にて敵の目をつくやうにして、敵の太刀を我右のかたへ引きながしてうくる事、亦つきうけといひて、敵打つ太刀を、敵の右の目をつくやうにして、くびをはさむ心につきかけてうくる所、又敵の打つ時、短き太刀にて入るに、うくる太刀はさのみかまはず、我左の手にて、敵のつらをつくやうにして入りこむ、是三つのうけ也。左の手をにぎりて、こぶしにてつらをつくやうに思ふべし。能々鍛錬有るべきもの也。

第一の受けは、相手の太刀を、自分の太刀で、相手の目を突くように入る事で自らの右へ流すようにして受ける。

第二の受けは、相手も右の目を突くようにして入る交差法である。

第三の受けは、自分の刀が短い場合、あまりかまわず、左の拳で相手の顔面を突くようにして

第一の受け

相手の攻撃に対し、真直ぐ相手自体に向けて入って行く動作が結果として攻撃を逸らせる"受け流し"となる。

第二の受け

相手の攻撃に対し、真直ぐ相手自体に向けて突き込んで行く動作が攻防一体の"交差法"となる。

入り込む事、である。大切な事はこれら三つの受けの際、必ず左拳で相手の顔を突くようにする事であり、よくよく鍛錬する必要がある、という事である。

それゆえ、秋猴の身は、決して剣を持つ手を伸ばす事なく、拳が相手の顔に当たるほど接近し、相手の太刀を体で捌きつつ攻撃するのでなければ「当てて、打つ」（短勁）事はできない。先に（ゆっくり）間を詰める事は、「観の目」で有利、かつ技のスピードでも勝る（一瞬、後から技を出しても先手が取れる）だけの事ではない。彼我がほとんど同時に打つ場合、相手の「正中線への攻撃の自由度」がまったく異なる事である。やや詳しく言えば、「相手は自分の一瞬過去の位

第三の受け

相手の攻撃に対し、その攻撃自体には構わず相手顔面へ短打に行く動作が結果として攻防一体の“入り身”となる。

置を打つ（未来の位置なら、さらに不自由となる）事になる。それは、相手は先に技の決断をしなければならないからである。これに対して一瞬後に自らが攻撃する場合、自らは安全で、かつ相手の正中線に対する攻撃の面が広くなる（自由度）からである。

この事実は、体現できる者ならよく理解できるであろう。そのため「秋猴の身」の間に手を動かしたり、手に力を加えたりすると、入身が不十分となり、自らが大変危険となる。

武蔵が『五輪書』で、自らの秋猴の身を大胆細心で可能となれば、相手は「焦る（タイミングが早すぎる）」か「あわてる（タイミングが遅すぎる）」かになるから「ゆっくり後の先」ないし「加速して先の先」を取る事ができるとしている通りである。その両者のタイミングの差は、間合いにして2、3センチではなかろうか。人間の観の目の威力は、見の目より、それほど優れているのである。

6 浮き身、沈身の修得法

浮き身のやり方については先に簡単に記したが、難しい技術とも言えるし、武蔵的に言えば「本来できたはずの思い出せばよいほどのもの」とも言える。

人間がジャンプもせずに〝体重が軽くなる（浮く）〟ような事が起こるはずがない、という風に、

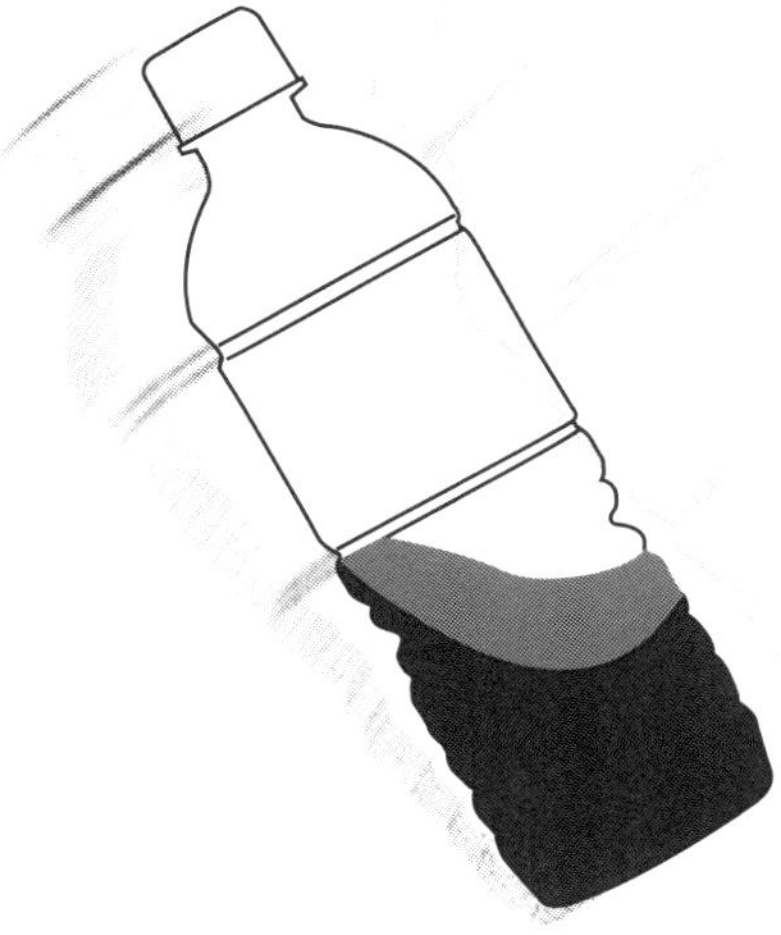

物理的に頭で納得できない方も多いのではないかと思う。

しかし、体重計に乗っている間でも、体が揺らげば多少、針が増減する。それは運動体ならば当たり前の事なのだ。ましてや動物（人間）の体は固体でなく流動体なのだ。

例えばこんな想像をしてみて欲しい。残り3分の1くらい中身が入ったペットボトルをでたらめに放り投げる。すると予想外の動きをする事がある。自力でジャンプするはずもないペットボトルが、ちょっと〝空中で跳ねる〟ような動きになる事もある。中が動く事によって、簡単に〝完全固体〟の物理法則が通用しなくなるのだ。

浮き身、沈身とは〝内部操作〟であり、〝重心操作〟だ。よって、一見高等な技術のようだが、その根幹部分ができるようになると、どんな形にでも応用が

〝浮き身〟の練習法

胸前に掲げた手まで、膝を持ち上げる。膝から下を十分に脱力し、正中線を終始崩さない事が大きなポイントとなる。片足を上げた瞬間、体重をすべて反対側の足にかけてしまうと正中線は乱れる。乱さないためには、上げた瞬間、軸足側の膝をわずか吊り上げつつ抜く。この操作によって〝浮身〟が実現する。そこから落とせば〝沈身〟。軸足は上げていないようだが上げている訳で、ここが〝内部操作〟たるところ。上げ足と軸足が同時に落ちるのが理想。

きくようになる。

ここでもう一つ、浮き身、沈身の練習法をご紹介しておこう（右掲写真参照）。

実はポイントは〝正中線意識〟にある。重心が偏った、正中線が確立していない状態では浮き身はできないのだ。

浮き身ができれば、それを落とせば沈身となる。浮き身は相手へ入り身する足に必要なものだが、沈身は想像を超える威力を生み出す働きを持つ。すなわち、浮き身、沈身は、本書のテーマ

受動筋力

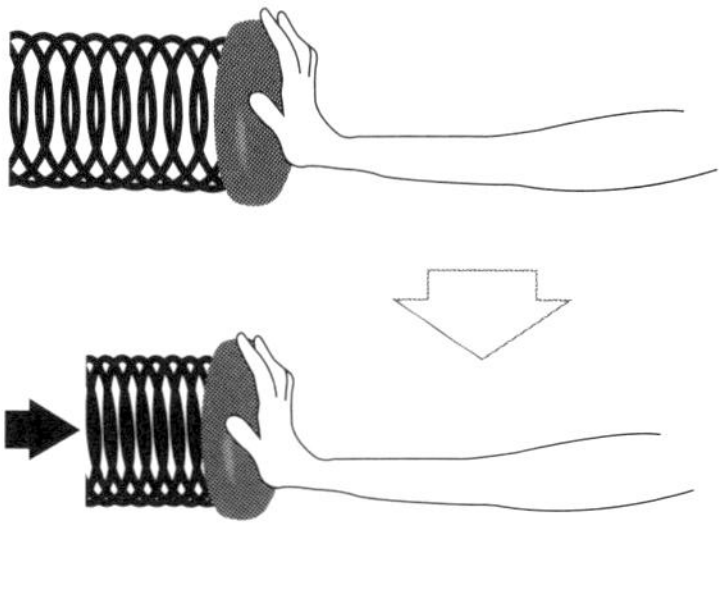

押し込まれて腕をまげられないよう維持する（無意識的）

能動筋力

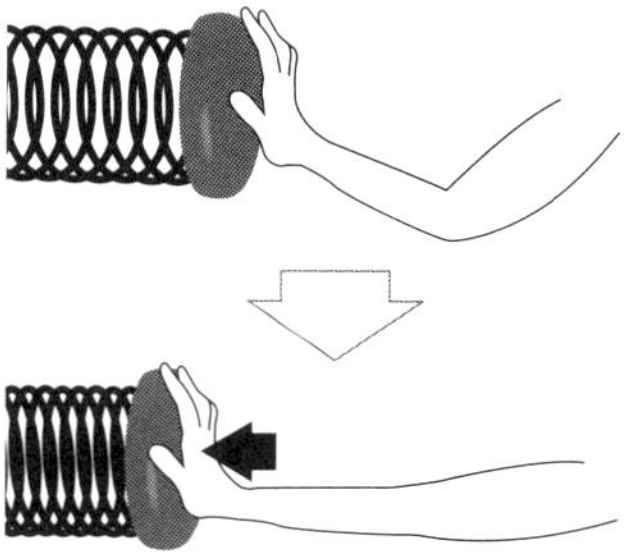

腕を伸ばして押し込む（意識的）

である「当てて」「打つ」双方の裏付けとなる操法なのだ。短勁、すなわち大きなテイクバックをとった勢い任せの操作をとれない場面では、通常の〝能動筋力〟はあまり力を発揮しない。〝受動筋力〟を使って、かつ自分の体重を活かす、これが「当てて、打つ」の根幹となる操法だ。

沈身の瞬間は、いわば浮き身で吊り上げていた重さをすべて落としたような状態。これによって体重の〝慣性質量化〟が起こる。時速１００キロで飛んでくるピンポン球とゴロゴロと転がって来る50キログラムの鉄球はどちらが怖いか？ スピードももちろんエネルギーとなるが、質量とてエネルギーとなるのだ。通常、人間の運動は自重を威力へは転化できていない。走り込んで行って打てば一見〝体ごと〟で自重が活かせているようだが、打つ瞬間に足なり腕なりで踏ん張ったり力んだりして放っている分には、実は結局腕だけの力なのだ。

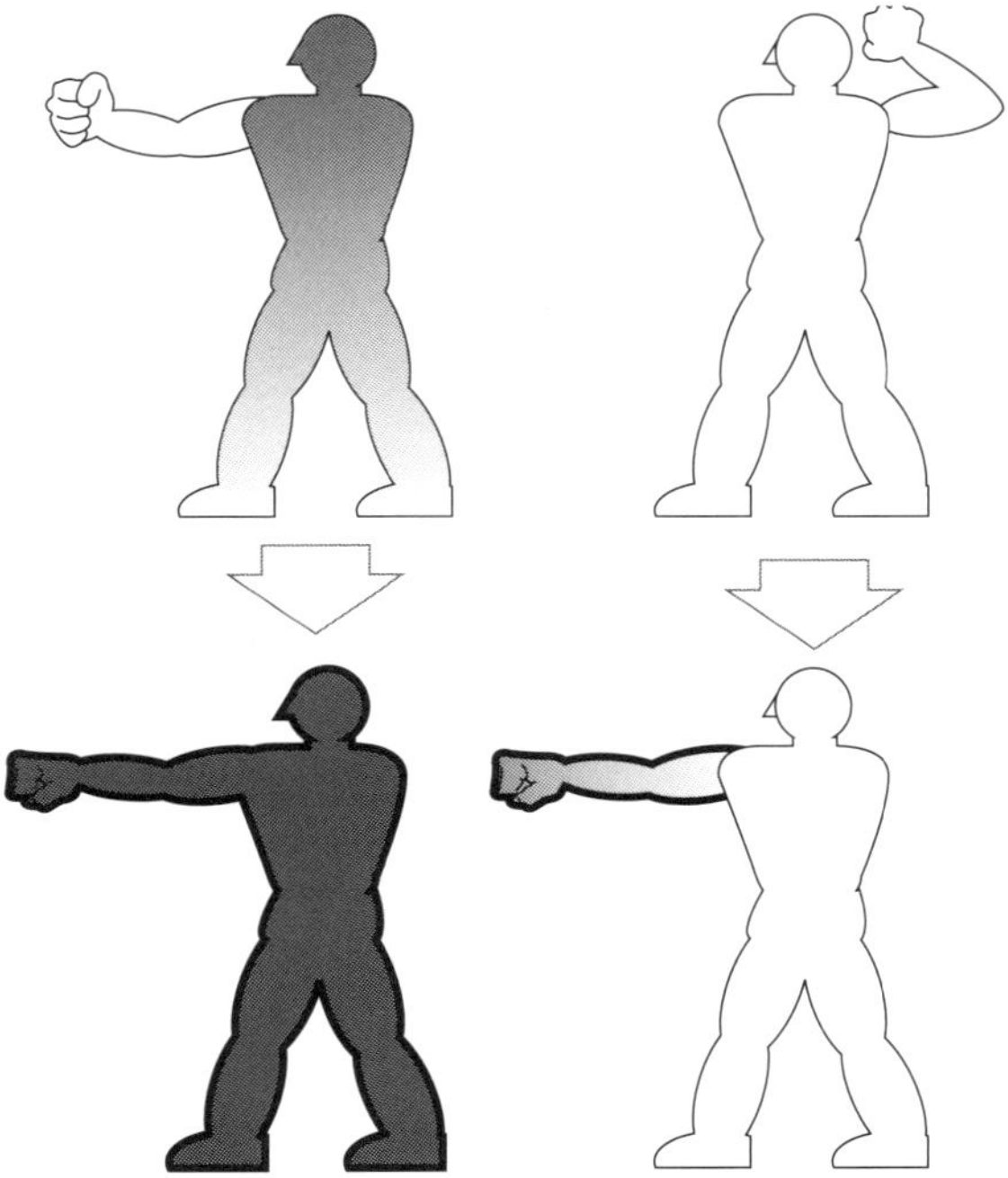
大きくテイクバックを取って能動筋力を活用する突き
浮き身→沈身と受動筋稼働によって自重を活用する突き

　武蔵が〝手の短い猿〟と表現した、体当たりなり短勁といった操法で力を発揮するのは、まずは体重だ。体重を活かすという事は、すでにさまざまなジャンルのスポーツでも言われている言葉だ。例えば、「体重の乗ったバットスイング」などのように。しかし、よくよく考えてみて、重力によって下方向にしか向かないはずの体重が、動作に本当に活かせるのだろうか？

　もちろん活かせる。どうすれば活かせるかの感覚を、この沈身や受動筋力の活用を通じて体得してみてほしい。これは、どんなジャンルにも通用する話なのだ。

7 居着かぬ足捌きとは何か（秘伝）

本書でも度々述べている「居着かぬ足捌き」は、打撃系武道や主に一対一で対峙するスポーツや日本芸能にとって「命」と言える技術かもしれない。著者は約三十年以前からこの技法について機会ある度に紹介してきた。居着かぬ足捌きは、あくまで体得した「結果」であり、その体得法とも言うべき理論があった訳ではない。

それは高度な技法に共通することだが、とりわけ難しいのがこの足捌きの修得法だ。

何十年もかけてこの足捌きを実現した弟子が二人ないし二・五人というのが実情だ。

それどころか一月もしないうちにあきらめてしまう者がほとんどなのだ。本文で説明したように武道空手で大成するための条件は、ただ居着かぬ足捌きの体得にかかっているのだ。諸々の技術がどうであろうと、それを活かすも殺すもこの足捌きにかかっている。この真実は、頭で考えてわかることではない。

足捌きと呼ぶのは、外見上の表現であり、正しくは、正中線の捌き方ないし、それ以上の「芸」なのだろう。上達すると常識では考えられないような変化技術も可能になる。「目にも止まらぬ早技」などではない。超合理的技術がいくらでも可能になる。そうなると勝負事にあまり興味がなくなるかもしれない。

本当の技とは、相手の状態次第で変化する「千変万化する技」だ。千変万化というのは、技の数ではなく、無意識的に出る技だから、自分でも予想できないという意味なのだ。

なぜそうなるのだろうか。居着かぬ足捌きとは、自らが相手に迫る時、自らの正中線を相手の正中線に対し最短距離を通すのだが、あくまでもゆっくりとスムーズに（居着かず）間を詰めるため「秋猴の身」によることが不可欠だということだ。何が何でも間に入るためにスピードを求めるのでは主導権が取れるとは限らない。そうして、あくまでも相手の反応を確認するまで自分から先に手を出してはならない。相手の攻撃を確認した後、自らが攻撃しても先手を取ることができるが、自ずと千変万化の技（攻防一体になる最も都合の良い技）を出すことができるからだ。なぜなら、秋猴の身によって前進していると、相手（止まっている）より技も安全かつ速いからだが、相手の見の目に対し、自らの観の目が働くことがわかる。

その一瞬の変化技とは、ゆっくりスムーズな前進から急激な「転位、転体、転技」が一瞬で可能な結果だ。一方の相手にとってはこのような状態からは何一つ有効な対応はとれない。なぜなら技を出すためには誰でもそれなりの「間ないしタイミング」というものがある。つまり技の命とは「間とかタイミング」が正しいかどうかにかかっている。ところが自らゆっくりとスムーズに前進し、相手の反応を待って急激に技の種類（転位、転体、転技）にスピードや方向の変化を

“一瞬”の変化技

ゆっくりとスムーズに相手に近付いていき、その反応をとらえて急激に“転位、転体、転技”する（写真③）。これによって相手は何一つ有効な対応がとれない状態に陥る。正中線の確立、浮き身による居着かぬ足捌き、そしてそれらの結果として働く“観の目”によってこれは可能になる。

されると、相手は絶対に先手を取ることができない。わかりやすく言うと、間とかタイミングという技の命について『五輪書』では「拍子」と呼んでいる。その中で説かれている「合わぬ拍子」をも鍛錬せよというのが、この状態に当たる。まったく意外な方向と意外なタイミングで攻撃されると、もはやどうしようもなくなる。そのため一気に短勁的攻撃や投げ技などに繋がる体勢にならざるを得なくなってしまう。この時の相手の心境について『五輪書』では「あわてるか、あせるしかない」と説かれている。

なぜこんなことになるのかというと、それは「正中線の確立と観の目の能力が、秋猴の身（居着かぬ足捌き）によって理想的な勝負の場になるからだ。人は、ゆっくりとスムーズに接近されると、自らの技の間とタイミングが取りにくく、「あわてる、ないしあせった技」しか出せない。これに対し相手によるその場に合った変化技には自らは対応のしようがないのだ。すでに技の決断をしてしまったためだ。

わかりやすく表現すると二度にわたって心と技とが居着く（後手を引く）ことにならざるを得ないのだ。かつて、このように前進すること（下がらないこと）が有利ということで、対峙する二人の武士が、長いにらみ合いから、互いに走り寄る決闘の場面を映画で見たことがあると思う。しかし、走り寄ることは、二人ともに走り幅跳びの踏切り板をどう踏むかといったような、リスクがあるのだ。ゆっくりとスムーズな足捌きには、そうした心配はまったくない。自らの正中線が今、どこにあるか（正中線の部位ごとに）正確に認識できるかどうかは、間合を見切る絶対条件だ。見切るといっても、それは観の目によることは言うまでもない。こんな話をせざるを得ないのは、正中線が確立していなければ、居着かぬ足捌き（正しくは正中線を三次元的に自由自在にコントロールすること）がかくも難しく思われる一大原因だからだ。現今は科学技術やＡＩが発達している。しかし、二足歩行のロボットは未だ未完成なのだ。それは人間の歩き方をロボット化しようとすると、ロボットには正中線がないから、歩く度にロボットの「重心」が前後左右に居着くので、それらを一つひとつ修正するジャイロがたくさん必要であり、かつ全ジャイロをコントロールするシステムが必要だからだ。それより、「浮き身、沈身」の原理を応用した方がずっと早いだろう。

最後に居着かぬ足捌きを現代人が苦手としている理由をいくつか示したい。それらは必ず参考になると思う。

（1）見取り稽古をするチャンスがない。

（2）ナンバ歩きから離れたこと。例えば、右の回し蹴りの時、右手を後方に引くのは大変な欠点となる。武道空手では腰腹の切り戻しがあるためすべての技が自然と出る。切り戻しができれば、技のためのストッパーがはじめからかかっている。それゆえ、そうした無駄がまったくないから、技は鋭くなり、かつ疲労が少ない（健康法となる）。

(3) 理屈、理論が先行する習慣から離れて、何よりも正中線を作ること(認識不足)。心身の陶冶(人間の素質、才能を高めること)とは、この意味なのである。

第3章

正中線

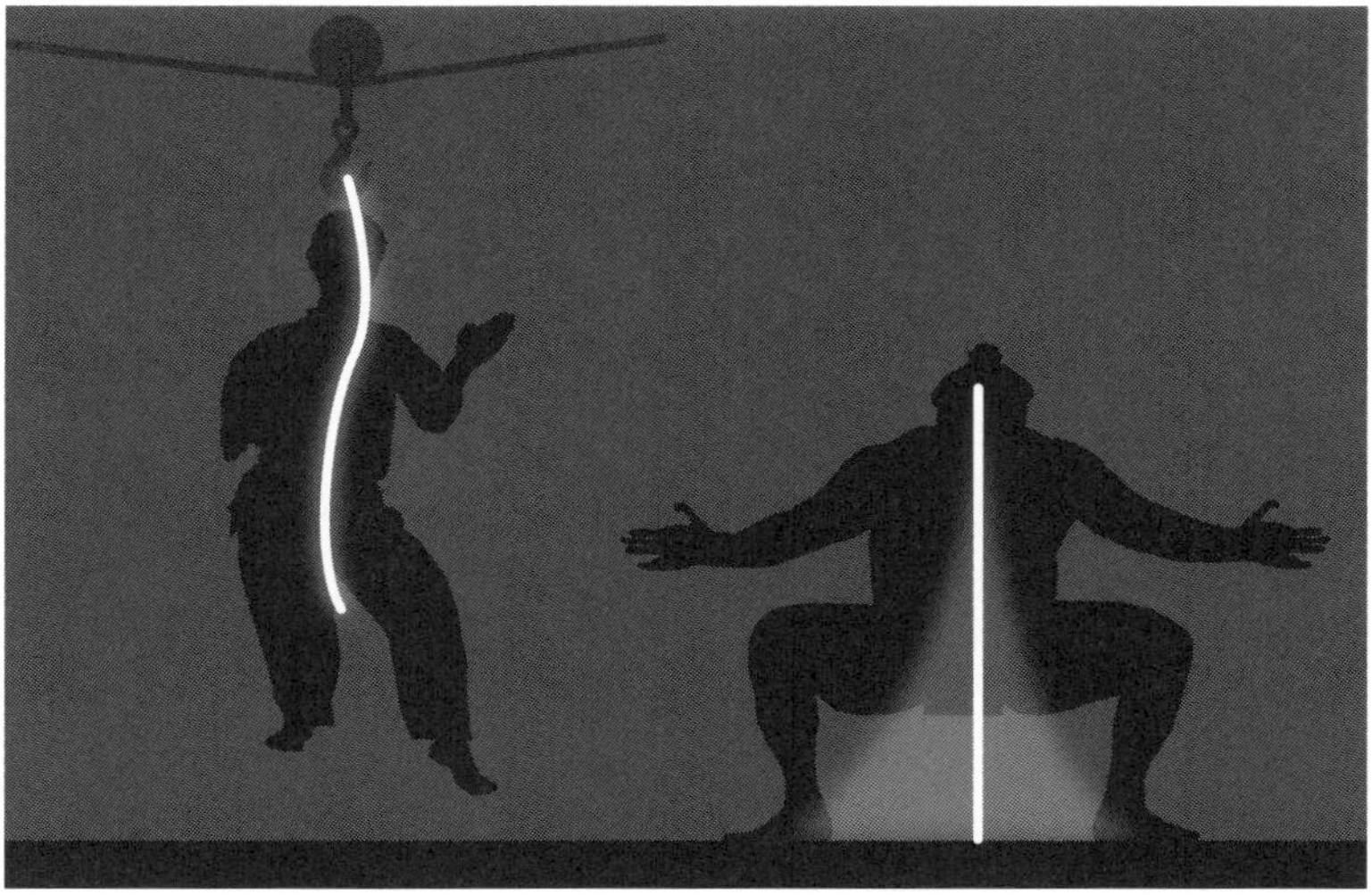

1 正中線の作り方の基本

正中線は武道の生命であるから、単なる体幹の強化だけでは得られない。正中点（丹田）を基とする三次元的変化と復元の働きを正確に認識して、自由自在に実証する鍛錬を要する。その場合、「相撲・重量挙げ型正中線」と、その他の武道、スポーツに欠かせない「吊り型（スカイフック型）正中線」とは異なる事を認識して次の方法に従う事が大成の一大条件である。正中線のタイプを誤ると、天才少年のようでも、年齢が災いして後に秀才で終わるからである。プロ野球のドラフト上位者のその後を知ればわかる事である。スカウトたちが「正中線の将来性」をほとんど観じていないようだ。

懸垂運動

体を斜め一直線とし、ゆっくりとスムースに懸垂運動を行なう。10秒くらいかけて無意識的に2、3回。回数にこだわったり力む方向に意識を向かせないこと。

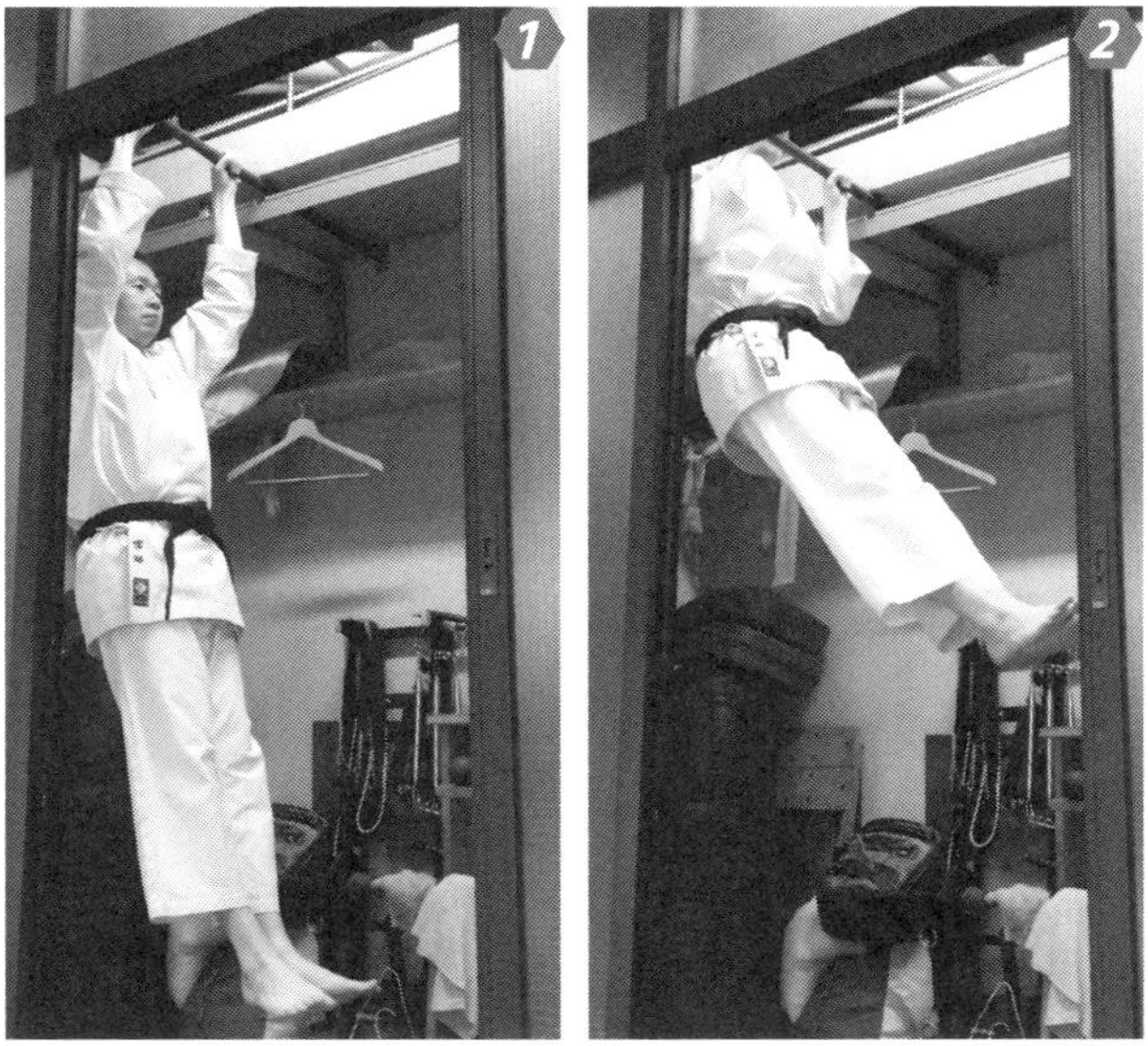

自身の正中線なしに、他人の正中線は直観できないものである。

① 懸垂運動

吊り型正中線の確立にとって最も重要なのは懸垂運動である。その方法は順手によるもの、逆手によるものがあるが、一応のめやすは、体を斜め一直線とし、ゆっくりとスムーズに数回できるようになればよい。足をブラブラさせることなく涼しい顔でできる事。回数にこだわったりせず、力技とは感じない状態で行なえるようになる事。片手や加重や静止する方法は必要に応じて行なえばよい。

10秒くらいかけて、ゆっくりスムーズに、できれば無意識的に2、3回できれば理想的である。

上体の上下運動

上体を垂直に、ゆっくりとスムーズに上下させる。１往復20秒くらいかけて3回繰り返す。スクワットにならないよう、足の筋肉に留意せずに涼しい顔で。

正面から

横から

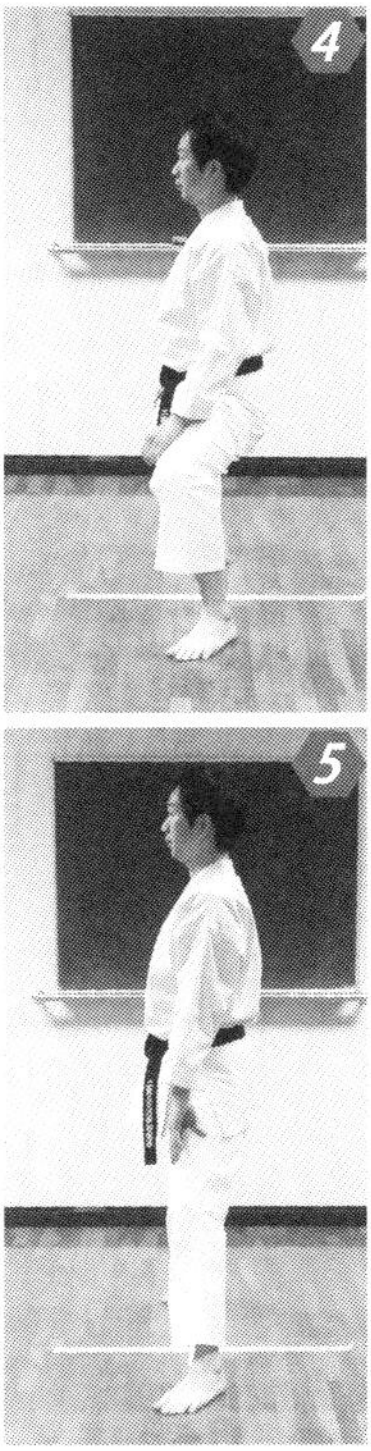

② 上体の上下運動（スクワットではない）

写真のように、上体を垂直に写真1〜5のように上下運動をゆっくりとスムーズに行なう。1往復20秒くらいかけて3回繰り返す。この運動を毎日続ける。この運動も何気なく涼しい顔で行なって正中線を正確に体感できるようにする。

この運動を続ければ、必ず思わぬ効果を得る。スクワット運動とならないように注意する。

③ 腕立て伏せ

通常の腕立て伏せと形は変わらないが、大切なのは約20秒かけてゆっくりスムーズに行なう事。力技にならないよう何気なく涼しい顔で3回繰り返す。腕力に頼らないよう下腹の力に注意する。この運動中、正中線、ことに首筋が体一直線になるよう注意する。インナーマッスルを鍛えるた

腕立て伏せ

首筋から体が一直線になるようにし、できるだけ腕力に頼らず、下腹の力を意識してゆっくりと20秒かけて1往復、を3回。

めには、力み（アウターマッスルの力）を除き何気なく行なう事ができるようになればよい。

④ 後ろ反りで数秒停止する

写真のように、首から上体を一直線とし、数秒停止する。この運動もバランス動作であり、力技とならないように注意する。イナバウアーでなくリンボーダンスのつもりで行なう。首筋（正中線の一部）のリラックスが大切なので、そのままの姿で腰や膝を回転させても顔の位置が変わらないようにする鍛錬も行なってみていただきたい。

後ろ反り

首から上体を一直線とし、リンボーダンスのように後傾させて数秒間停止する。力まず、とくに首筋をリラックスさせて。

⑤ 腰の回転と顔の位置の安定

③の場合と同様に普通に立ち、フラフープ運動のように腰と膝を振り回し、顔（頭）が少しも動かないようにする。

これらの運動を正しく続けると、相手の攻撃に対する正中線の捌きや攻防一体の技が上達する。先述した「当てて、打つ」技術から、正中線の確立により「当てられた（触った）」瞬間に捌く事ができるようになる。これは、ボクシングのスリップとは異なる。

こうした能力は、真の寸止めを可能とする能力に直結する大事である。皮を斬らせて骨を断つような能力もすべて正中線の体得による結果である。宮本武蔵は、はじめに述べたように少年の頭に載せた米粒を斬ったという。山岡鉄舟も挑戦者の頭髪に木刀を当てて止めている。このように先述した打撃の極意（当てて、打つこと、あるいは、当てて、打たない事＝真の寸止め）は、最も大切な真実（技）であり、真剣に（天理にしたがって）鍛錬すれば、誰もが可能なのである。武道空手による寸止め（打つ事はずっと簡単ｌ重心移動を沈身によって停止させなければよいだけ）の技術こそ、打突技の正体である。こうした技は、正中線の確立（天理の体得）なくして絶対不可能である。

〈腰腹の切り戻しの体得法〉

『五輪書』では省略されているが、武道では下腹の力は大事な力の発生源である事は当然であろう。抽象的な「丹田」という表現ではなく、これを「腰腹の切り戻し」として具体的に説明する事とする。

「腰腹の切り戻しは武道だけでなくほとんどのスポーツにとって基本的動作であるから、確実に体得する必要がある。それによって呼吸法は自然と身につくものである。

写真によって説明する。非常に難しい技法であるが、この方法で着実に鍛錬すれば必ず体得できる。強制的に体得する方法である。

写真1（左腰腹のストッパーを作る）

左腰が左回転しないよう左手の平（手首部分）で強く押えるようにする。受動筋力を使う。人によっては座って行なう方が覚えやすいが、正中線全体に関わる動きであるから、最終的には正しく立って行なう事。呼吸は動作に自然に従う。武道の呼吸法は、このような動作の結果による。『五輪書』でも技に伴う意識的な呼吸（気合い）については、前後の声のみ。

写真2（右腰腹を左側に締める）

はじめは右腰腹で左側へ捻るように締める。はじめは写真のように手を使うとよい。正しくは両腰腹とも、受動的（双方ともストッパーのようにする）。

腰腹の切り戻しの体得法

左腰が回転しないように左手の平で強く押えるようにする。〝受動筋力〟を使う。

右腰腹を左側へ捻るように締める。

右腰腹のストッパーのみを一瞬に抜く。

写真3（切り戻し）

ここでは右腰腹のストッパーのみを一瞬に抜く。写真1～3の動きを一瞬に行なえるようになったら、次の段階で手を使わないで行なう。もちろん、左から右へと腰腹を切り戻す動きも同様に鍛錬する。組手では、自然に両側から締めておき、必要に応じて左右どちらかのストッパーを抜く事で自然に技が出るようになる。

はじめ左側のストッパーを抜くと右技が出るが、これを繰り返すと一瞬に左技が出るようになる。この二度目の技を出す事を『五輪書』では「二の腰」と呼んでいる。

武道空手の技には、足捌きとともに正中線の力をこうして発生させ、それを肋骨から肩へと何段も加速するが、膝の抜き、浮き身沈身などの技法を併用して、一調子で攻防一体の技を使えるようにする事がすべてである。

それらのすべてを体得する方法として前述した平安二段の型が最も大切である。次にその体得法を結果（写真）から鍛錬する事が何よりも大事な武道空手その他の応用技の「基本」である。それなしには上達も大成も不可能となる。次の連続写真から、平安二段の型が終始、正中線が演武線上を正しく移動している事を、床に貼った白テープ（演武線）で確かめる事。

この鍛錬によって、手（転技）と足捌き（転位）とか腰腹の締め、その他正中線による転体（体捌き）に引かれるように同時に極まる事で一切の居着きがない技術となっている。

正中線運用の体得（平安二段の転回動作）

片足を軸（固定点）にして転回するのでなく、腰を基点に転回する事によって正中線は演武線（床の十字白線）上に維持される。

左 90 度

右 90 度

左180度

右180度

昔からいう「腰で歩け、腰で突け、腰で蹴れ」との意味が初めて理解体得できるだろう。

なお、平安二段の最終の二挙動は「突き技の極意（短勁―正中面突き）であり、正確にはタイミングの問題であるから個人指導なくして体得は難しい。そうでなければ先述の短勁を完全に修得する必要がある。

72〜73ページに平安二段の動きを写真で示す。特に第三挙動（180度転回）の修得が肝要である。また、落とし受けや上段受けは正しく体得しなければ役に立たない（フォロースルーが必要であるが、単なる写真では気付かないものである。順突きの三連打は武道空手の技のハイライトである）が、長年の鍛錬なしに修得できない。

この他、武道空手の天理を体得するためには、ナイハンチの型や平安四段の型の一部も必要であるが、まずは平安二段の型の理を体得する事が先決であろう。その他の応用型は無用と言ってもよい。なぜなら、応用技は基本技さえ正しければ、修得は時間の問題だからだ。

2 正中線確立の効果は無限

武蔵が「少年の頭髪に載せた米粒を真っ二つに斬った」技術的能力はむろん、正中線の働きが1ミリの誤差もないほど正確だった事を証明するものだ。武道空手の技でも2〜3ミリ狂えば正確な技とは言えない。これは生花で使う剣山に向かって全力で寸止めする鍛錬をすればわかるようになる。山岡鉄舟の「頭上での木刀による寸止め」も同等の技倆であると言えるだろう。真の寸止めとは、その技倆そのものの証明となる真実だ。ゆえに、正確な技術というのは、間合いも威力もタイミングも十分という証明となるものだ。

武道空手でも、相手の攻撃技が自分の表面に触れるほどに引きつけての強力な反撃が十分可能だ。「皮を斬らせて、肉を断つ、あるいは骨を断つ」というのは、それほどの接近が、短勁攻撃の正確さと威力を生むことによる。

また、その方が自らが安全だからなのだ。

このような真実の技は、いかにトレーニングを積んでも完全な正中線なしには不可能だ。

武道やスポーツに限らず、日本文化は正中線に基づく文化と言っても過言ではない。『五輪書』で宮本武蔵は正中線という用語は使っていないが、それが単なる体の構造やその機能だけでなく、観の目と呼ぶ精神の働きと密接に関わっている。武道に限らず身体文化では、日本舞踊や能などからわかるように、足捌きも正中線の機能なので、心・技・体を分けて考える事はできない。「小の兵法」（剣術だけでない）が「大の兵法」に通ずるというのは『五輪書』全文からわかるようにその進歩は、技術を越えて「戦術」から「戦略」に繋がるからだ。その内容は結局「兵法九ヶ条」（後述）の指摘からわかるように「観の目」の能力が「第七条」から「第八条」「第九条」へと昇華している事がわかると思う。実に、正中線を作る事は、人間の精神を無限に向上させる基本でもある。むろん、「足捌き」のない日本文化も貴重だ。

あえて日本文化と呼ばれるのは、足捌きが西洋人にとって大変難しい分野だからかもしれない。西洋の身体文化は、ジャンプ系が中心で、田んぼにそっと入るような膝の抜きとすり足などの歴史があまりなかったからだろうか。

とにかく、下半身にも正中線がある事を忘れてはならない。

ところで「観の目」とは観音菩薩の能力であり、世間の人々の声なき声を観じ善処する超能力だ。そして、すべての人々に潜在する最高の能力なのだ。観音菩薩の能力は『観音経』に詳しく記されている通り、ほとんど万能と言える。

人は誰であれ、この個性を発見し伸ばしてゆけば、他人が不可能な潜在能力を発揮するようになる。これ以上の成功も幸福もない。世の中にはある分野で優れた人々がマスコミで知られている。けれども、世には、そうした有名人以上に貴重で優れた人々が無数に存在している。そうした人々を知ると人間としての価値観が変わってくる。武蔵が人材の育成を考えていたのも、そんな観の目によるものだろう。人は個性が異なるから、他の人々と同じ土俵で競争するだけでなく、経済、地位、名誉などにこだわる事なく、正中線を作り、観の目の向上を目指し精進する時期が必要だ。そうすれば思いがけない現象を経験し人生が一変するものなのだ。それには力まず忍耐し続ける期間がかかるだろう。世に早くデビューする事には大きなリスクが伴う。

思いがけない現象とは、シンクロニシティと呼ばれる「縁」の不思議だが、これなしに人が大成する事は決してない。

正中線、観の目の最大の効能は、自らの個性に合った「食」の発見だろう。自分の感性と「食」(質と量)の関係の好循環の発見が運命を左右する。無用な病気や災難も避け、何よりもストレスが人間の不幸不運の最大の縁となっている事がわかる。

健康に関する科学的情報がたくさん入ってくる時代だが、それらに注意し続けなくても、自らの心身がはじめから個性を通じて知っている事がわかるはずだ。真の個性には必ず不思議な能力が伴うものなのだ。武蔵もそうであった事が散見できる。そうした現象は、芸人と観客との間でもよく起こるようだ。武蔵も晩年には、諸々の芸能芸術にも人一倍優れていた事は、よく知られている。最近、発見された手紙から寺院の造園や町立て「都市計画」にも関わった事が知られるようになった。最晩年には、忠利公への返書で、軍陣の事や国の治め方についてもお答えできる、と記している。

3 空手道と天理

これまでの説明からすれば、一般に知られている空手流派の大半の技法は不思議なくらい不合理な姿となっている。それゆえ、真剣に長らく練習している人なら必ず様々な疑問を抱くはずである。技術上の疑問はもとより、その進歩がありありと自覚できるかどうか、本当に「小よく大を制する」ものであるかどうか、それどころか体の不調や故障につながって限界を感じているのではといった疑問である。かといって、限界や疑問を口にすれば、十年早いなどと一喝され、ごまかされる世界である。

もし、そうであれば、それら一切の疑問の最大の原因が、空手道で当たり前と考えられている基本技が誤っているからである。その最もわかりやすい姿の例として、次ページ写真（前屈立ちによる構え）があげられる。この姿はどうみても武道本来のものではない。なぜなら他の武道と共通する所が何一つとしてないからだ。

（1）まず、この姿勢から、正中線への認識は絶対に得られない。しかも、この姿（居着いている）から一歩進んで出す順突きは、後足に体重が残らず、プッシュとなり、逆突きであればまったく右掲写真のような前屈立ちでは正中線の認識が得られず、居着きが生じてしまっている。ここから繰り出される突きにも威力は乗らない。

切れがなく、かつ実戦上防備不能な姿となり、危険である。その他の欠点は後述する。

昔、『空手紳士録』なるものが出版された事があった。その中で「得意技は？」というアンケートの回答は八割方の人が「右中段逆突き」であった事に大変驚かされたものである。それが当時の名人達人と思われていた人々の答えとしては、とても信じられなかった。早い話が、それは武道家の答えになっていないからである。この点については話が長くなるから省略する。第二に、その姿からはいかに競技空手であっても、手突きとなるばかりでなく、真の「寸止め」(当てて、打たない事)は絶対不可能だ。その結果、「尽きた」突きを一本としたり、少しグローブが触っても反則となるような不思議な状況である。さらにそれがビデオ判定の混迷に顕われている。このような不合理は、武道空手ではまったく生じない。効果的な突き蹴りは、寸止めの理解によって当時者が十分わかるからである。

重心移動による突き蹴りには、フォロースルーがあるから、寸止めには「当てて、打たない」という状態がはっきりと認識できる。

手が届いたかどうかではなく、体を乗せないし、フォロースルーをしないのが寸止めである。

空手が普及し始めた頃から技の紹介が一枚の写真で示された結果、技の尽きたところ(手腕を伸ばし切った姿)を「極まったところ」と説明していたから、技のフォロースルーの姿を理解し難く、手のスナップによる突き方が正しい突きのごとく広まったようである。一例のみあげると、動きに途中でブレーキをかけるのでなく、"当てて、打たない"のが寸止め。当てた後、体を乗せてフォロースルーまで完遂すれば威力をもった突きとなる。

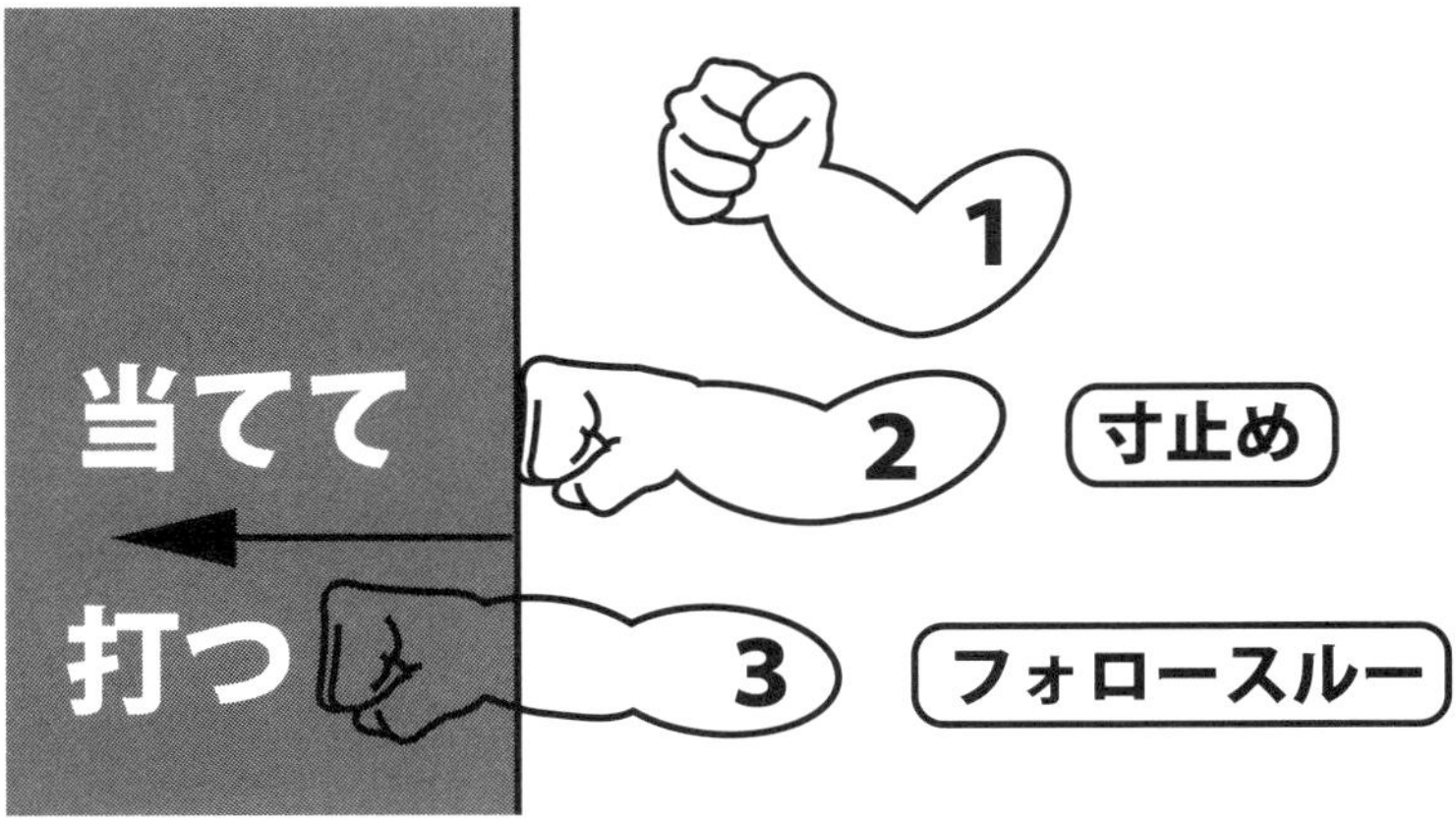

上段受けにしても、受けが決まった形ではなく、受け終わってリラックスした瞬間の形（かたち）である。そのため最も重要な上段受けは試合でもめったに見る事ができない。

上段受けは、武道的には「体を使った上げ突き」と呼ぶべきものである。こうした技の真偽は、かつては一人の観の目で判断すべき事であった。その方が多数の審判の見の目やビデオ判定よりも正確なのである。「寸止め」とは、突きを途中でやめる事ではない。むしろん、手腕の屈伸で調整する小手先の突きでもない。当てた瞬間、体を乗せずリラックスする高度な技術であり、短勁の一形態なのである。

そのためには「当てて（触るだけで、怪我をする事もなく、強力無比な真実の技）、体上段受けの形としてよく知られているものは、いわば〝当てて〟その後のリラックスした状態のもの（写真③）。この形を目指して〝ガキッ〟と受けようとしても、実際には受けとはならない。その後の〝フォロースルー〟（写真②）までがあって、初めて受けとなる。写真②で受けた後、リラックスした腕は自然に戻り、写真③の形になる。

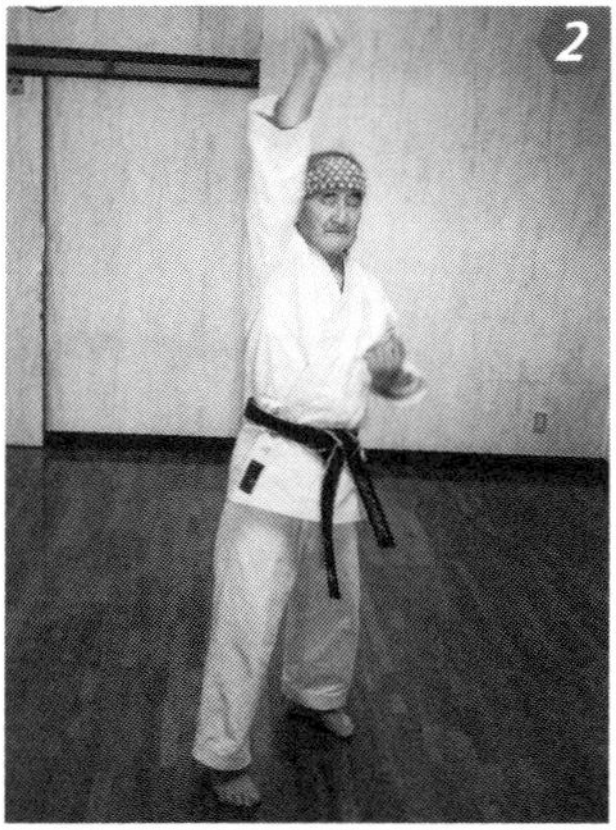

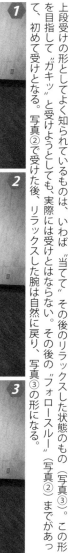

で止める」事でしか実現できない事はすでに説明した通りである。当てた瞬間、拳を握れば、むろん寸止めにならない事は、ボクサーにとっては当たり前な事だろう。このような、体で突く技術なしには、真の寸止めは不可能である。それゆえ、真の寸止めは「活殺自在な活人剣」にも繋がる技術である。

すでに述べたように、宮本武蔵は少年の頭髪に乗せた米粒を真っ二つに斬っている。また、山岡鉄舟は、挑戦者の頭髪を木刀で強打して相手を降参させている。こうした技倆は天理を鍛錬(トレーニングではない)すれば我々でも限りなく接近する事ができる。それゆえ、真実の技の実現が先決である事は言うまでもない。

次に、先の写真からわかるように、拳を脇に構えると必然的に強力な短勁的技術が不可能となってしまう。つまり、脇に拳を構えているため、インナーマッスルがすべて働く以前に手腕が動いてしまうから、「太刀に代る身」(『五輪書』)が不可能となる。「突きが詰まる」のもそれが原因である。ボクシングでもあり得ない現象である。秋猴の身で、相手にゆっくり迫る場合の注意として、武蔵は「手を出さぬ心構え」と説いている。もし、これができれば、著者の拙文など読む必要もないであろう。拳を脇に構えては一段と難しくなるのは当然であろう。武道空手ではボクシングと違ってクリンチなどなく「秋猴の身」から「漆膠の身」…と諸々の技へと居着く事な

拳を脇にとる構え方は空手としてはおなじみの形だが…

く接近しなければならないから、脇に手を構える事はタブーである事は想像できると思う。何よりも和道流空手道の創始者、大塚博紀最高師範ご自身が「拳を脇に構えるよう指導した事」を晩年になって一代の不覚であったと述懐された事実がある事は、知る人ぞ知る所である。

脇に拳を構えると、『五輪書』の「太刀に代る身」（身に代る太刀）の教えのような相手の正中線へ最短距離で走る突きは不可能となる（手は、突きが当たるまでリラックスして、拳に力みを加えてはならないからだ）。

また、写真のような姿（拳を脇に構える）からもし突き（逆突きとなる）を肘を伸ばして行なえば、自然と元の位置に戻る事はない。しかもその時、突きの逆側の手も脇に引くよう指導しているのはどうしてだろうか。そうすれば腰が回りやすいとするなどは、正中線もインナーマッスルも縁がない妄説であろう。さらにまた、はじめの突き手（逆突き）も、「突いたら、引け」と教えるから、試合では突いても「引き手が十分でないから、一本にならない」という無茶苦茶な悪習慣も生まれてしまう。それゆえ、突きの効果を審判にアピールするため、大きく突き手を引く者も少なくない。「突き三分、引き七分」というのは槍の話である。

武道空手には、「引きはない」。突いたらリラックスするだけ（自然に胸前に戻る）。現今でも多くの人々が、写真のような姿から移動したり、突き（蹴りも）を行なうのを基本としている。そのため、基本と組手とが両立しない事を、誰もが何となく感じているのが実情であろう。

まして、型はまったく別種目と化している。型が上達すると組手が上達するという教えを誰も信じていないだろう。

武道空手では。手腕は胸前中段に構え、立ち方は縦セイシャン立ちを基本とする。そうする事によって、体移動も突き蹴りもすべて正中線による主導でスムーズに行なえるようになる。著者も、空手の基本技を写真のような形から教えられたが、歩き方は「すり足」と強調されたものである。しかし、前屈立ちのように前足が居着いた状態から「すり足」は不可能だからである。

このように基本を間違えては、天理（正中線の働き）は遠のくばかりとなる。武道空手は拙著

イギリスで開催した武道空手講習会の休憩時に、横山和正師範（写真左）と。

『みえない空手の使い方』（BABジャパン刊）でその概要を示した。けれども、多くの人々（特に外国人）は、72～73ページに示した平安二段の足捌き（正中線が常に演武線上にある）の鍛錬こそ武道空手の基本中の基本である。そうすれば、「技」も「足捌き」もすべて正中線の働きで行なうことがわかるだろう。

そこで、72～73ページに示した平安二段の足捌き（正中線が常に演武線上にある立ち方）の鍛錬こそ武道（空手だけではない）の基本中の基本である。そうして技も足捌きもすべて正中線の働きで行なう事がわかるだろう。

私の十年来の生徒に2メートル近いオランダ人がいるが、彼らもこの事に気付き空手観が変わったようである。彼らについては、ここ数年、横山和正師範（研心会館館長、全世

界武道空手連合　技術顧問）に指導をお願いしていた。しかるに不幸にも2ヶ月ほど前に逝去された。本文中ながら深くお悔やみ申し上げたい。横山師範の業績は今後長く引き継がれるだろう。

第4章 スポーツへの応用

武蔵の天理とは、正中線の微妙な働きであり、心・技・体一致から生ずる兵法の智恵である。智恵とは単なる知識でなく、身体文化の目標とする真実という技から発展する戦術や戦略でもある。それゆえ、天理ないしその一端なりとも体得すれば大概のスポーツの能力は必ず向上する。しかも、日本人の潜在意識の奥にはその記憶が大なり小なり残っているから、それを思い出せというのが武蔵の大事な教えである。つまり真実の技とは作るのでなく「思い出すべきもの」なのだ。

この記憶の有無大小こそが、その道の素質なのだろう。先年、中国の武道関係者から日本の空手をしている少年たちを紹介してほしいとの要請があったので、理由を聞くと、日本の少年たちは先天的な武道の素質があるから、との事だった。その点は同感だ。著者は長年にわたって諸外国の空手愛好者たちに武道空手の天理を伝えてきているが、西洋文化に馴れた人々は、武道空手の技と理には十分関心はあるものの、その体得となると大変難しいようである。

彼らは「天理」に基づく技は、ただミラクルと言うばかりで、著者としては絶望的な心境になるばかりだ。その原因を考えると、次項で説明するように「長年にわたって誤った基本技を繰返しトレーニングしてきた」からだと思う。その他、理論が先行し、その道の天才（?）に迫る事ができない現代のスポーツ科学とか、個性を無視した団体訓練やスポーツ栄養学など、事実に基づく研究も不足していると思う。著者は、これまで大学の体育学の教授二人と正式に会見したが二人とも、目で見た事実すら理解できなかったようだった。これもまた絶望的だった。スポーツとはいえ、結果的に大成した人々は、一見わがままなほど個性を生かした人々のようだ。何度も言うが、真実は結果が先だ。統計上の内容を重視（理論の正体）しすぎ、体感を軽視する学者とは一体どんな存在なのだろうか。

例えば、誰かが100メートル走で10秒を切ると、10秒を切る者が次々と現れる、という話は一種の学説になっている。それよりも先述した「強烈な意識」の方が大切だと思う。近頃、アスリートの特別なトレーニング法がテレビなどで紹介される事が多くなったが、真実にはほど遠いものが少なくない。そうしたコーチなどにやらされるトレーニングには不合理がつきまとうものだ。自ら工夫する事が何より大切だと思う。

各分野でノーベル賞を受賞した日本の人々は例外なく、理論より前に感性を磨くよう強調している。真実は発見するものだ。だから、エリートもそうでなくてはならない。武蔵の説く「真実」と何ら変わりはしない。真実というのは「人工的な結果」でなく、自らそうなるという事なのだ。武蔵がそうであったように、事情によっては科学的指導とはいえ個人にとって必ずしも独学が良くないとは言えない。天理に合っているかが問題であろう。

最近、個人的努力でマラソンの日本記録を達成した設楽選手が知られている。何十年ぶりの記録と聞く。武道界、スポーツ界の様子を耳にする実情からして本当の指導者はごく少ないと想像される。それゆえ、天理に反しない限り今こそチャンスだと信ずる。

○イントロダクション

運動力は筋力ではない

バットでボールを打つ、ラケットでボールを打つ、手でボールを打つ、あるいは足で蹴る、というように、スポーツは球技を中心に「打つ」ものが多い。当然、武蔵の理も通用する。しかし今現在、プロの世界でも学生の部活動においても、〝筋トレ〟を行なわないジャンルはない。トレーニング研究も進んで今はだいぶ〝質〟が変わって来てもいるようだが、依然筋肉信仰は根強い。しかし、筋肉を太くする事（意識的筋力トレーニング=能動筋力）がスポーツのパフォーマンス・アップに必ずしも繋がるものでないという事を真に理解しないと、武蔵の理にも入っていきづらいはずだ。そこで、まずイントロとして、そこに触れておきたい。

野球でホームランをかっ飛ばしたかったら、どうしてもテイクバックを十分にとってブン回したくなるのが人の心というものである。あるいは、150キロの球を放って来る豪腕ピッチャーに対抗するには、相当力んで頑張らないと打ち負けそうな気がする。

しかし、打ち負けないために、本当にそんな〝筋力〟が必要なのだろうか？

150キロの球をズバン！とキャッチしてみる。確かに凄い威力である。しかし勘違いしては

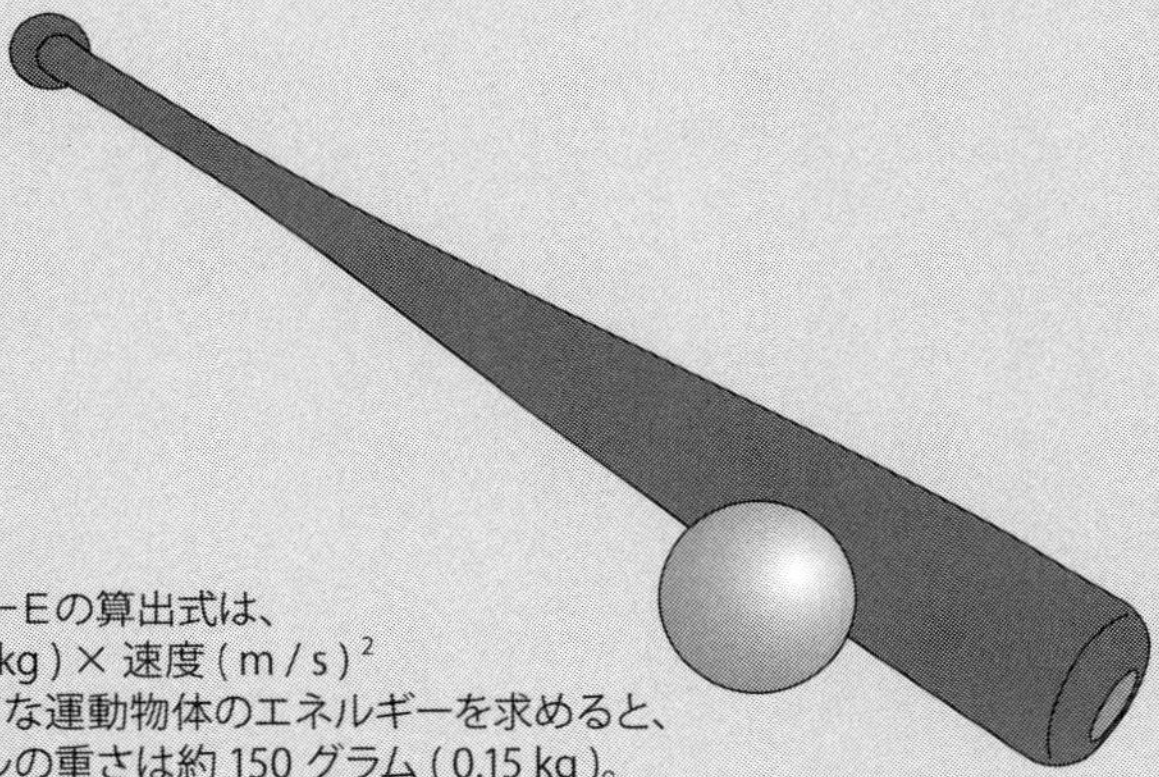

物体の運動エネルギーEの算出式は、
$E(J) = 1/2 \times 重量(kg) \times 速度(m/s)^2$
これを用いてさまざまな運動物体のエネルギーを求めると、
例えば、野球のボールの重さは約150グラム(0.15 kg)。
時速150キロ(42 m/s)なら、その運動エネルギーは、
$1/2 \times 0.15(kg) \times 42(m/s)^2 = 132.3(J)$。
一方、バットの重さは約900グラム(0.9 kg)。
ボールの運動エネルギー132.3(J)と同等のエネルギーをバットで生むには、
$132.3(J) = 1/2 \times 0.9(kg) \times (x(m/s))^2$
$x = 17.1(m/s) = 61.6(km/h)$
すなわち、時速150キロの速球とて、時速60キロ程度のスイングができていれば、負けないのだ。ちなみに、高校生のスイングスピードの平均は時速110～120キロくらい。

ならない。ここであなたが受けたのは〝球〟の運動エネルギーであって、ピッチャーの筋力ではない。

「豪腕ピッチャー」などと言うものだから余計そう思い込みがちなのだが、そのピッチャーは本当に、そんな太い腕をしているだろうか？

おそらく違うだろう。

あなたがさっき〝凄い威力〟と感じた、球の運動エネルギーは、実は球の質量m（kg）と球の速度v（m/s）だけによって決まり、$1/2 \times m \times v^2$で求められる。筋力は介入していないのだ。ゆえにあなたも、筋力を使って打ち返そうとしなくていい。

実際に計算してみると、時速150

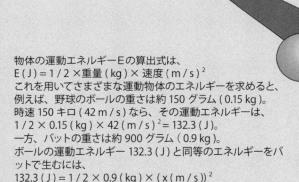

キロの球に負けないためには、インパクトの瞬間にバットを約時速60キロで動かせていればよい、という勘定になる。バットのスイングスピードの数値を聞いてもあまりピンと来ないかもしれないが、心配は要らない。このスイングスピードは、誰でも〝楽勝〟のはずだ。

しかも、時速60キロで動いてさえいれば、インパクトの瞬間にバットを握る手を離してしまっても、負けたりはしない。この辺、ちょっと意外に感じる方も多いのではないだろうか。150キロの豪速球なんて、いかにもバットが弾かれてしまいそうではないか。でも実は、バットをギュッと手で支えている必要すらないのである。これが実は、我々が生きている世界を配する物理法則なのだ。

つまり、バットの質量自体が(ボールに比して)十分なエネルギーを生んでいるのだ。ここまで説いて来た武蔵の理、そのままである。ましてや本書では、そこへさらに自重を活かそうという話である。バットだけでも十分な運動エネルギーに自重が加わる事の効果は大きい。腕力筋トレをしている場合ではないのだ。

ただし、これはしっかり〝ミート〟できればの話。ミートできないと、例えばバットの下に当ててしまうとバットはけっこうな力で上に持って行かれてしまう。〝弾かれる〟とはこの現象だ。けっして押し合いに負けている訳ではない。

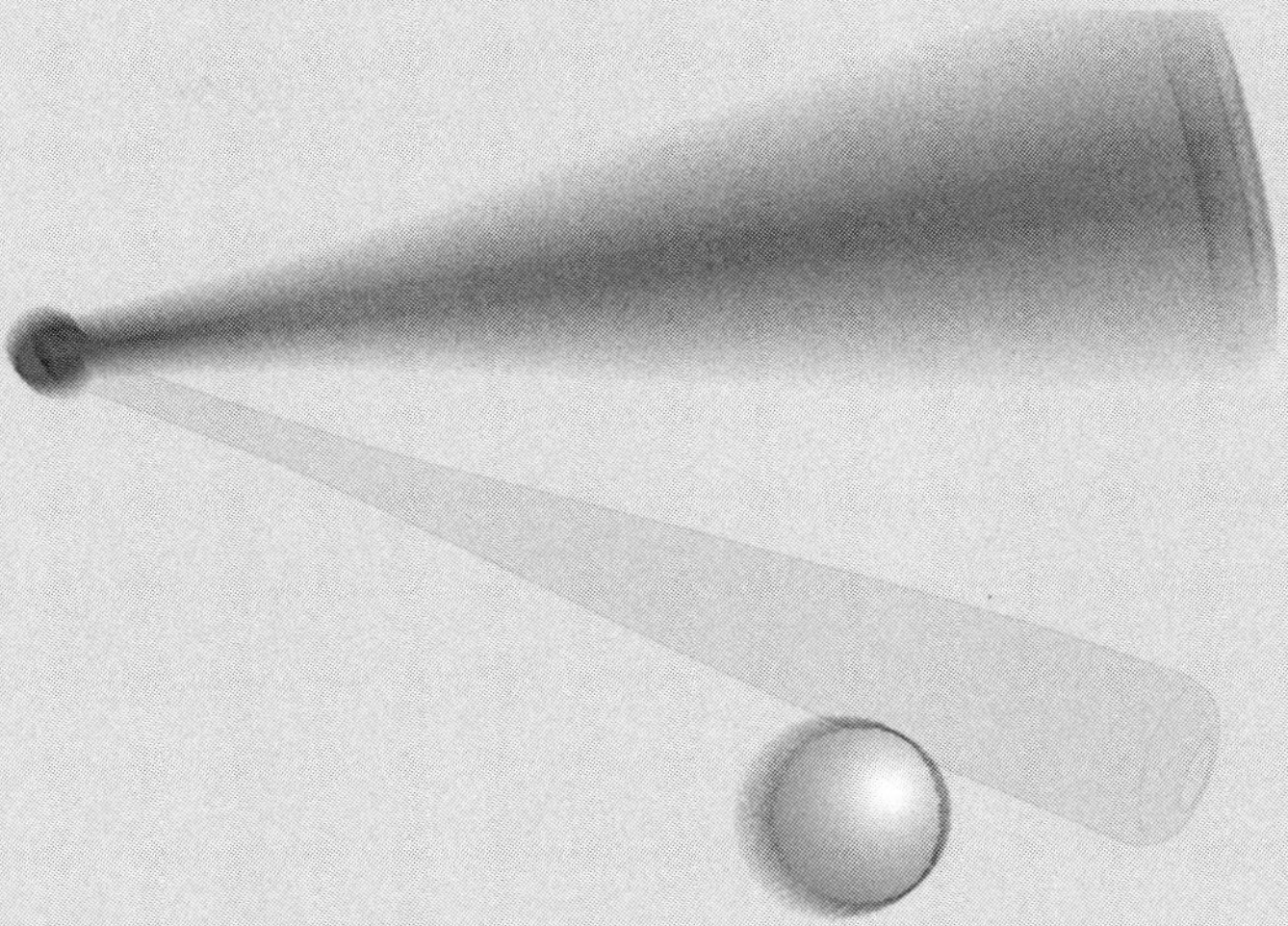

そうなると、いよいよ精確に〝当てる〟事が重要になってくる。これは何のスポーツでも一緒だ。精確に当てる事ができるなら、余計な能動筋力や精確さと引き換えとなる勢いづけのテイクバックは必要ない。

思えば、何のスポーツでも「精確に当てる」ための練習というものが軽視されているのではないだろうか。まずはスイングスピードを上げる。精確さは、数やっているうちにだんだんと身に付いてくる。こんな感じではないだろうか？　そもそも動作のはじめから力んでかかっているようでは、精確さなど手に入りはしないのに。

本章ではもちろん球技でないスポーツも、いくつも登場する。何を志す方にも、きっとこの理は上達のための重要なヒントになると思う。

1　柔道

柔道は「ＪＵＤＯ」と呼ばれ、世界中の格闘技が混入し、柔道の技も中途半端な力技となっている。力技ならもっと強力な体力を作ればよい。昔は「大力無双」な人々もいて、日本では数多く知られている。しかし、そこまでしなくとも、一種の窮地を逆転する技術は可能だ。

著者は、柔道は未経験だが、例えば「袈裟固め」は極め技とは思っていない。また、柔道技とは言えないが、プロレス式のキーロックを2人に左右両手に極めてもらい一気に跳ね飛ばした事がある。そのうちの一人は重量挙げで優勝した事がある後輩だった。50年ぶりに手紙をくれてその中で「あれほど驚いた事はない」とあり、大学当時を思い出させられた。その頃は、すべての極め技から脱することが鍛錬の目標だった。

「袈裟固め」とて、相手が抑え込もうとする力に、自分の起き上がろうとする力をぶつけて勝とうとしても、勝ち目はないだろう。たとえ腕力や体幹力に自信があったとしても、首や腕、胸を制御された力を出しにくい状態からではなかなか勝つ事はかなわない。使うのは能動筋力ではなく受動筋力で、短勁とか正中線の使い方をもって力を発すればよい。そもそも柔道は〝やわら〟の道であり、剛力を競い合うものではない。

柔道の抑え込み技に対し、たとえ筋力でかなわなくとも、返す事は可能。正中線、受動筋力、観の目…そういったところに勝機が隠されている。

力技はともかく、天理の普遍的重要性は厳然とした事実である。正中線の浮き身や沈身、そして短勁や受動筋力の使い方は効果的に使用できる。かけられた技を返すのも、技をかけるのも、結局は天理のもとに同等となる。

三船久蔵十段のように、浮き身や特に沈身による返し技は武道空手では強力な常套技術だ。

2 剣道

現代剣道は、一刀流や新陰流の系統を継いでいると聞く。しかし、竹刀競技を見る限り、まったくの別物と思われる。それは先述した『五輪書』(二天一流)の教えと比べれば、両者はことごとく違っているからだ。

武蔵の剣術は、「石火打ち」「流水の打ち」「無念無想の打ち」……とあるが、斬る瞬間は短勁が基本となっている。著者が体得した武道空手の理からすれば、短勁的技法は、何ら特殊な技ではなく、むしろ当たり前である。かつての達人たち、上泉伊勢守、伊藤一刀斎、針ケ谷夕雲らの確立した剣術もその天理は同一であったと推定できる。

現代剣道は、現行の竹刀競技のルール作りとともに作られたスポーツゲームであろう。それゆえ、比較の対象になり得ない。願わくば、現代剣道とはまったく別の天理を体得して、貴重な日本文化のルネッサンスを起こす人物の出現を待つしかない。もし、これを実現すれば、その功績は誠に偉大である。なぜなら、それによりスポーツ、芸能、芸術への影響は多大であり、「武道憲章」に説かれている人間性の向上から、ついには世界平和への貢献も夢ではないからである。そうでなければ「武道憲章」の内容は建前というよりも「嘘」となろう。この矛盾に気付いている剣道家もあるはずである。竹刀剣道でも、まずは秋猴の身から短勁による突きが可能になれば、正中線の大事がよくわかるはずである。

「当てて、打つ」理による一撃が、現行の剣道のルールにおいて〝一本〟となるかは微妙な所だろう。しかし少なくとも、〝大胆・細心〟に当てに行くプロセスなど、現代剣道の中においても、武蔵の理を養い、活用して行ける可能性、価値は十分にあるだろう。

3 空手道

剣道や柔道は、多くの流派を統一した結果から始まったが、空手道ほど流派が多く、かつ統一し難いものはない。その原因は一口では言えないが、あえて言えば、原理は怪しいが自由度が広い格闘性を有するからであろう。

自由度と言ったが、現実は自由勝手に近い。調べた訳ではないが、100や200の流派があるようだ。２０２０年の東京オリンピックの正式種目となった（財）全日本空手道連盟ですら空手人口で言えば、半分以下ではなかろうか。その上類似競技も少なくない。武道であるといっても、その根拠はまちまちである。スポーツ競技であるとしても、そのルールは一様ではない。けれども、こうした曖昧模糊とした状況から、個人的な研究が進む可能性がある点が利点かもしれない。著者の全世界武道空手連合では宮本武蔵の『五輪書』を教科書としているから、一切の体術や武器術にも通じている。この点をぜひ研究してほしいものである。

単に自ら武道だと思い込んでもその内容は怪しい。武道の理を体現すれば、必ず不思議な人格転換が起こるものである。

4　レスリング

著者は武道空手を実践している者だが、16、17歳の頃は相撲やレスリングが得意だった。当時、大学のオリンピック選手から声がかかったこともある。レスリングは一回りも二回りも体の大きな者としか試した事がない。身体中の一体化した力技によって抵抗のしようがないとか、機械と戦っているようだとか言われていた。このような経験からすると、フリースタイルのレスリングを目指す者は、力を付けるとともに、まずグレコローマンスタイルのレスリングを鍛錬すべきで

タックルとは〝正中線〟の奪い合い。下半身に正中線があれば、そもそも崩れた体勢でかかってきている相手を容易につぶす事ができる。

ある。そして下半身にも正中線がある事を実証する強さを身につける事で、足技がもっと生きてくる。相手の上体を制して足技を使う事ができなければ抜けた強さは得られない。

それゆえ、はじめからレスリングのルールやポイントを意識した練習は大成を妨げる。

何と言っても。全身の受動筋力で攻撃する技は強力である。著者が、受動筋力による突きの話を紹介した際、ある学者が「受動筋力は耐える力であり、攻撃できる訳がない」と批判していた。さらに「受動筋力と呼ぶのは正しくない。耐筋力と呼ぶべきだ。」などと反論していた。しかし、受動筋力と呼ぶ事は、当時より20年ほど以前から体育学上でオーソライズされていた事を知らないようだった。その学者は著者の反応速度を三度測定しながら、その結果を信じなかった人物である。真実は結果が先で、理論は後に作るものである。それゆえ、大発見を見逃したのである。

なお、日本の女子レスリングは、世界一の状態であるが、著者は「ポイント制」は好まない。まずは一気にフォールする事を目指す力と技（男子の場合）を鍛錬すべきだと思う。

レスリングは、武道的には自らがかえって危険となる姿が多いのだが、他の格闘技の選手の基本としての意義は大きいと思う。

5 ボクシング

受動筋力を用いて全体重を拳に乗せる事で、前手の突きがジャブにとどまらずストレートの威力を帯びる。これはボクシングでも大きな武器となる。

「左は世界を制す」という。武道空手の技術は、重心移動（地を蹴らぬ。加速も可能）により、一調子で着地と突きとが極まる事。さらに動きの途中で鋭く腰を切り戻すので、自らの体が「相手からみると」消えると同時に、相手の正中線方向に深く、かつ重くスピードも速く、大変理想的攻防一体の技となる。さらに、突きを決断するまで相手を見続ける事ができるから、カウンターともなるなど自由自在な突き方である。早い話が、左前手ストレートは、最も強力で安全確実な技である。たとえ、ボクシングは靴をはき、マットの上で行なうにしても、武道空手に近い技が可能なはずである。が、実際、この前手（左手）ストレートを打てる者はどうもいないようである。この事実は不思議な事である。もし、ボクシングの優れた選手が、この技をマスターすれば、それだけでKOする事も可能であろう。左ストレートは正しく使えば最も安全で、強力確実なのだが。

早く実績を得ようとジャブばかり打っていては「左は世界を制す」の真意は理解できなくなる。

6　フェンシング

日本のフェンシング（フルーレ）の先駆者は、元剣道家の森寅雄である。森はアメリカで活躍し、日本人としてフェンシングで殿堂入りした唯一の人物である。森は日本では剣道家として「二度斬り」ができる唯一の存在であった。沖田総司の三段突きにしても、そうした技術は重心移動によって陰陽の足を進め、その直後にリラックスしていた手腕（胸、肩）から剣を送る一調子の高度な技術がなくては不可能である。野球のピッチャーでいえば、手が遅れて出てくる事である。

そうする事で、自らはカウンターを被る事が少なく、たとえ相手のカウンターがきても極めて捌きやすいからである。しかも、その体捌きと同時に最短距離で相手の正中線を攻撃できるのである。その要領は、武道空手で紹介した平安二段の最終の二挙動の「理」とまったく同一である。右肩を入れて突く場合、大事なのはむしろ左肩が正中線に対し、細く鋭く回転する事だが、その時、陰の足（後足）が着地していなければ軸がブレるから、重心移動による足捌きができなければ威力（スピード）ある見えない突きにならない。これは基本的注意だが、実は武蔵の「天理」のすべてがフェンシングでの極意なのである。まして、左右への微妙な沈身による体捌きができるようになれば、まさに相手の死角から相手の正中線に対して攻撃する理想的変化技も可能となる。そのためには、先述したスカイフック型（吊り型）の正中線の確立が何より大切であり不可欠なのである。それゆえ、立ち方を変える必要がある。武蔵の言う秋猴の身によって、「当てて、打つ」事の真意はここにある。

著者は、空手の突きでは「当てられた（触らせた）」瞬間に超接近しての短勁攻撃は十分可能だが、これが剣に対して可能なら、フェンシングのルールが変わるであろう。このような技法は、かつ居着かぬ足捌きは、両足が同時に動くステップを可能にし、結果として変幻自在，相手が反応できないような身捌きとなる。

相手の死角をつく技術は、実は〝スピード〟ではない。

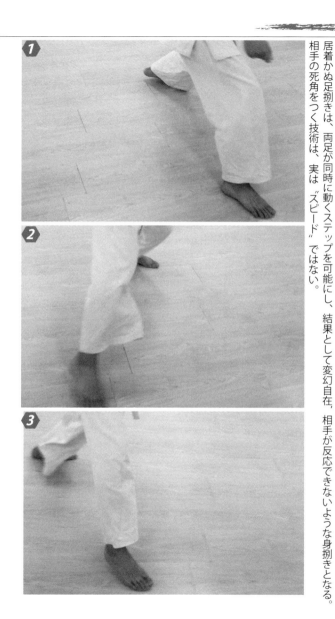

てより「皮を斬らせて肉を断つ」と呼ばれているものである。

現行のフェンシング選手の多くが、腰を落としすぎて、地に支えられた正中線になってはこうした自由自在な攻防一体はできない。

ゆえに、先述した「秋猴の身」がそのカギとなるが、何と言っても手足のスピードにこだわってはならない。秋猴の身と吊り型正中線を確立すれば、完璧な観の目が開くから、三段突きすら可能なのである。

『五輪書』の教え「技のスピードは真実ではない」を理解する事は、技術の飛躍に繋がるものである。野球のピッチャーの能力がスピードだけでないように、自己のペースに相手を引き込む事が先手を確実にとるための最大の条件なのである。

そのカギは居着かぬ足捌き（秋猴の身）にかかっている。

7 相撲

大相撲を長年見て感じる事は、近頃の力士の体格の巨大化と怪我や病気の多発と相撲力《ぢから》の弱化である。しかもそれはすべてが無関係ではないと思われる。恐縮ながら著者は、虚弱な体から脱出しようと少年時代から、懸垂運動や立木押しを永年〝日課〟というより、当たり前な習慣として続けた結果、50キロ前後の体としては常識をはるかに超える、数々の勝負経験を得る事になった。空手の突きの威力も、〝威力〟以前に著者がその訓練をしているだけで、道場破りも巨大な外国人空手家も逃げ出してしまう者が多かった。

また、走ろうとする小型荷物自動車を押さえ込むなどもやったが、それらも自らの全力でなした訳ではない。こうしてつけた「引く力」や「押す力」はもし同時に使うと体格のハンディを超えた相撲力となるから、実際、大学柔道部のキャプテン、相撲部のキャプテンから引退直後の幕下力士を相手に自分の相撲力を試し、負けた事はない。体格がそれほど違わない相手なら、受動筋力を利用して、引きつけたままの姿で寄れば相手は抵抗できないものである。相手が空中で2回転するほどの投げ技も体験した事がある。

それらは立木（直径約15センチ）を押し倒したり、バーベル（30キロ）を足先に載せて道場にあるサンドバッグ用の鎖をよじ登り天井板を頭で突き破る、500キロの鉄道線路のレールを持ち上げる（レールは底が広く、握る事は不可能）など、周囲の人があぜんとするほど諸々の不可能を可能とした結果である。棒登りや綱登りは、人を背負って行なえるようにするのが当たり前。小さな子供4人を肩に吊るして懸垂運動するなどで体格のハンディは超えられる事を実証している。それゆえ、自分より強い相手と戦って、自信を失う事なく、古人たちのようにどこかで一人で着実な目標をもって鍛錬する事は、どんな格闘技にも通用する確かな事なのだ。

著者が「相撲は空手の基本」というのも、こうした鍛錬の結果である。『五輪書』の中で武蔵は「身の当たり」（体当たり）では、相手が死ぬ事もあると述べているのも十分理解できる事である（重心移動と足の能動筋力を併用する事で可能）。

〔原文〕

身のあたりといふ事

身のあたりは、敵のきわへ入りこみて、身にて敵にあたる心也。少し我顔をそばめ、我左の肩を出し、敵のむねにあたる也。あたる事、我身をいかほどもつよくなりあたる事、いきあふ拍子にて、はづむ心に入るべし。此入る事、入りならひ得ては、敵二間も三間もはげのくほど、つよきもの也。敵死入るほどもあたる也。能々鍛錬あるべし。

イントロが長くなったが、相撲でも鍛錬次第で、たとえ体重はなくとも、驚くような強さを発揮する事ができると確信しているのだが、現状はそうした次元からほど遠い。

体が巨大なのに自身をコントロールする力がない。土俵上に長々と倒れるのは、足が出なかったからではない。土俵際の「うっちゃり」や「つり出し」などがほとんど見られないのは当然であろう。それもこれも足腰だけでなく手腕の力に対する正中線が確立していないからである。体幹トレーニングをするにしても、下半身（首も大事）にも正中線があることを忘れてはならない。

正中線を作る四股

片足を上げた時に、上体の正中線を失わない（傾けても曲がらず真直ぐの状態を維持する）ように。足を下ろす時に、その上げた片足だけでなく〝両足を同時に〟下ろすように。その時に全体の正中線が復元される（写真③）。

重量挙げや相撲では、地に生えたような正中線が必要である。

相撲の基本は「四股」「すり足」「てっぽう」である。四股の踏み方は、足を高く上げるというより、正中線を作ることが目的であるから、四股立ちのままの姿を体を傾けても左右対称に保つことを主眼とする。その主旨は空手の形（ナイハンチ）で行なう波返しと同じと言える。そして足を踏む際、浮き身の要領で両足で着地する。正中線が垂直落下して体幹と完全一体化させるものである。土俵入りや弓取り式で四股を踏む時、観衆が「ヨイショ！」と声をかけるが、実際には強く地を踏んでいるのではない。むしろ体幹の受動筋力を養うものである。

四股で体得した「浮き身」により、土俵すれすれに足を進めるのは居着かぬ足捌きによる「すり足」の体得を目的とするものである。足を地面すれすれに歩くことで攻防ともに隙がなくなる。押されても俵があるから堪えやすくなる。浮き身ということは、すり足は腰で運ぶからガブリ寄りは強力な武器となる。

このすり足によって攻撃する技としては、「てっぽう」と組み合わせると超強力な「てっぽう」が可能である。例えば双手突きは、すり足が止まらないうちに双手で突くと、威力は大変大きい。その要領は、前進力があるうちにちょうど手（肘）が伸びて足の力や体重が無駄なく手腕の受動筋力で力（見かけ上の体重）を伝えると大きな威力となる。

足を止めて手腕の力で突こうとせず、受動筋力で突けば、小が大を制することができる。

〝当てて、打つ〟全身力の発動（てっぽう）

腕から動かして当てにいかない事（写真右列）。手が触れた瞬間に肘を伸ばし、〝受動筋力〟を発動させて、すり足による体重の慣性力をそのまま威力として当てる（写真左列）。

×

○

ボクシングでは パンチが「当たったら、握れ」と教えるように「当てて、打つ」ことが大事である。手に先に力を入れるとボクシングもスピードを失って切れるパンチとはならない。

いずれにしろ相撲の「てっぽう」や空手の「鋭い突き」はやさしくはないが、居着かぬ足捌きさえできれば小よく大を制するのである。

「てっぽうの理」とは『五輪書』の教え「当てて、打つ」事である。かつて大刀山（横綱）という力士がおり、その得意技は「一月（つき）半─四十五日」と呼ばれた。土俵が現在より少々狭かったにしろ、大概の決まり手は一突き半（双手突きプラスとどめの一突き）であったという。この大刀山の突きは、手腕を力む事なく全体重を乗せて突くもので、最も合理的な突き方である。例えば当たった瞬間両手を受動筋力で体と一体化してやや下から鋭く体当たりするような感じである。相手にとっては機械でドンと突かれたような感じがするだろう。そこで体勢が崩れた所をドンと土俵から突き出すのが大刀山の「てっぽう」である。

この時、「肘がよく伸びましたね」という表現は方便である。肘を伸ばしながら突くのは小手先の技であり体重も乗らず、突進力も伝わらない。

言い換えると「いつでも着地可能な『すり足』と沈身による慣性質量（見かけ上の体重増加）」も加わる理想的な突き方である。

つまり「すり足」とは重心移動についてくる足捌きであり、相撲には本来の武道性（天理）が秘められているのである。

「小よく大を制する」一例である。言い換えると、この突き方は「当たって、打つ」場合、相手に触れた瞬間に肘を伸ばし、全身の受動筋力（自らの形を保つ力）で、全体重で相手を跳ね返すような突き方である。ゆえに、手が触れるまでリラックスして、体が手を追い越すような「短勁技法」なのである。空手もそうだが、手を遠くから出すのでない。短勁は手腕肩のリラックスと正中線と全身のインナーマッスルが働かなければ不可能である。スポーツ選手が時々精神面（メンタル）が弱くて失敗したなどというのは、武道からみると「正しい技が身に付いていない」というだけの事である。それゆえ、トレーニングだけでなく鍛錬（タイミング）が重要なのである。リラックスから無意識的な腰腹の一瞬の力、そしてリラックスというのが名人達人の技（真実）の正体なのである。一流の職人の技も同様である。

単に意識的な力一杯、一所懸命のトレーニングを続けても名人達人は生まれない。自ら工夫して正中線を強化し、技はゆっくりとスムーズに鍛錬する事は、すべての必要なインナーマッスルを使う事に繋がるのである。

その前に少しでもアウターマッスルを使うためにインナーマッスルの働きが妨害されるのである。

「当てて、打つ」技術は、当てるまでに力む（意識する）事なく、無意識的でなくては「ゆっくりとスムーズに」はできない事に早く気付く事が何より大切な事である。

千葉周作の言う「理」とはこの技のタイミングと力の使い方の事である。

次に「当てて、打つ」事を用いた、相撲で言う後の先を取る強力な体当たりの方法を説明したい。

まともに当てれば、相手が浮き上がるほどの威力がある。

まず、相手より少し遅れて立つ（前に出る事なく、上体だけ少し起こし、両膝はあまり伸ばさず）。当たってくる相手に対し下から突き上げるように当たり、次の瞬間、重心移動（すり足で前進）すると同時に両膝を正中線方向に思い切り伸ばす、つまり「打つ」（意識的に強く当てて打つ）のである。これにより下方からカウンターで強力な体当たりとタックルとを合わせたものとなる。そうすれば、相手は大きく体勢を崩す立ち合いとなる。

これが、『五輪書』で説く、相手が死ぬ事もあるという「身の当たり」であろう。なぜなら、「秋猴の身」から「漆膠の身」そしてこの「身の当たり」を説いているからである。なお、「漆膠の身」とは、全身を相手に貼付ける方法であり、武道空手では「漆膠の身から受け身ができないような強力な投げ技が可能である。すべての技はこのように「前に出る」事が大事となる。

なお、双手突きは、以前に千代大龍が見せていたが、その後しばらく四つ相撲になっていたので、がっかりしていた。が、最近復活したようである。立ち合いの受動筋力（手腕肩を一体化）とそ

〃後の先〃の当たり（当てて、打つ）

相手が当たってきた所、両膝をあまり伸ばさず上体だけ起こして〃当たり〃、（写真②）、重心移動しつつ両膝を正中線方向に思い切り伸ばして、下から突き上げるように〃打つ〃（写真③）。

1

2

3

の突きのタイミングを覚えれば太刀山に迫れるかもしれぬ。かつて雷電は、俵に石を詰めてこれを鍛錬していたと聞く。また、栃ノ心が復活したが土俵際の引きつけが強いから安定すれば大成するだろう。近頃、相撲界全体が騒がしいが、大事なのは、相撲の実力である。まず、体格の肥大化より相撲力をつける事である。近頃、怪我、病気、休場者が多すぎる。透析しながら土俵に上がる者もあると聞く。スポーツマンが生活習慣病になる事が不思議である。体が大きい方が有利というのは、決して常識ではない。体の大きな者でも、それなりの弱点がある。

相撲協会は、近頃ゴタゴタが続くので、またしても天皇皇后両陛下の観戦を、相撲協会の方から辞退するよう要請しているようだが、天皇杯を辞退する方がすっきりするかもしれぬ。

8 野球

打撃術の要点は「当てて、打つ」事である。

野球の打者の技術レベルは、正中線の強さと使い方によるが、打者として通用するには、何よりも「当てて、打つ」事ができるかどうかにかかっている。

著者が指導したプロ野球の選手は、はじめからバットを力一杯振り回す習性が強く、一軍に定着できなかったのは残念である。

〝当てて、打つ〟バッティング

脱力して繊細に、精確に当てに行き（写真①〜②）、打つ（写真②〜③）。ボールはバットに触れている時間の長さこそが〝当てて、打つ〟操法の証。力まかせにぶつけに行ってはならない。

ボールをリラックスして感性（無意識的に）でとらえる（当てる）練習ができなかった事が大成しなかった原因である。

この「当てて、打つ」打撃術ははじめから力むクセが直らなければ体得できない。極意とは「意の極み」であり、つまり無意識（無心）的にできる事である。その点一切の技芸も何ら変わらない。

こうした技の感覚からすれば、バットがボールに触れている時間がバットスピードの減衰率が小さい人ほど長いから（言い換えるとバットに力（体重を乗せる事）が加わる事で押し込む能力が高いという事）、ボールを打つ距離や方向を調節できるようになる。

念のため説明すると、打者がボールをバットに「当てる」までは、力む事なく鞭のようにインナーマッスルを使い、「打つ」一瞬からバットに体重（の一部）を乗せるように操作するのが好打者や長距離打者なのである。

人は「スピードを出すには力を抜き（ボクシングのジャブのように）、重く打つにはスピードより力を要する（スピードは望めない）。スピードで「当てて」、力で「打つ」のが極意となる。この「当てる」技術が3割打者の条件であり、次いで遠くにボールを飛ばすのが長距離打者の条件と言えよう。この両方の技術が優れていなければ三冠王にはなれない。要するに単にボールにバットをぶつけに行くようなスイングでなく、「当てて、打つ」打撃ができる人ほどバットがボールに触れている時間が長い（後の大谷翔平選手の技術参照）。

「当てて、打つ」意味は重要だから、もう一つ話を加えておく。かつて『武道のこたえ』（BABジャパン刊）でも述べたように、据え物を斬る場合。軽い刀より重い刀の方が「据え物」に当たった際、スピードが減じにくい（スピードが速い）からであり、こうしたボールとバットの関係と変わらない。

バットにボールが触れている時間が長ければ、打つ距離や方向を調整できるようになるのは当然であろう。イチロー選手は大谷翔平選手が、バット上でボールを一回転させると聞いて、大谷は打者に専念してほしいと述べている。イチロー選手もそうした能力によって安打(内野安打も)が打てるためあのような記録を作ったのである。当てた瞬間の時間感覚が長くなければ、一流選手にはなれない。この事実は武道空手の技の中でいやでも認識できる事である。それは卓球選手のカットに関わる動作からもわかるであろう。また、当てて、打たない技術（武道空手の〝寸止め〟技術に相当する）も重要である。ボールにバットを当てた瞬間にファールにする技術も貴重である。たとえ長打力はあまりなくとも相手のピッチャーにボールを数多く投げさせるのも、そして打てそうなボールを打つのも貴重な芸である。くさいボールはカットする(ファールにする)技術をもつ一人が井端選手（現巨人コーチ）であった。落合選手も当てて、思う方向にボールを運ぶ技術によって二度も（セ・リーグとパ・リーグで）三冠王となっている。

ドラフト上位の者でもとかく大成しない具体的な理由の一つが、この点にあると思う。スカウトの正中線を観る能力が関わっているのだろう。競技空手ですら、対戦する相手が自分より実力が上か下かが事前にわかるものである。

日本のフィギュアスケートの選手は、世界の上位にあるが、誰かが転倒する前に、その予感がするのも演技以前に大体わかるものである。

こうした認識は、正中線が確立している者は誰でも同じであろう。フィギュアスケートの選手は、その点、腰腹を締めて、腰から細く鋭く回転しないと長続きしないだろう。ことに体型の変化しやすい女子のフィギュアスケートの選手は、正中線の安定性を保つのが難しいようだ。

著者も草野球のピッチャーだったが、ボールがアッパーカットのように伸びていたようである。ボールを目の前に叩きつけるように投げていたからだろう。その後、筋力をつけたがそれが逆効果だったのか、「あのボールはどうした！」とヤジられ、野球から遠のいた。

江川投手や古くは金田投手も全盛期は高校二、三年の頃であったと聞く。それゆえ、正中線は、その後はコントロールの正確さに向けて鍛錬すべきだろう。人体はつながっているから、一ヶ所に強さや弱さができると全体の性能に支障が生ずる。

とくに、正中線の機能はインナーマッスルの連繋が命であるから、その後、考えなしにアウターマッスルを強化すると逆効果となりやすい。

他人の実力を知るのも正中線を見る事でだいたいわかる。著者は、正中線がなく、アゴが上がりやすい当時大関の力士に手紙を出した事があるが、何ら反応はなく現在は窮地に立っている。正中線の大事はその人物の運命すら左右すると思わざるを得ない。

江夏投手は、速球派から技巧派に変わり長く活躍した。その江夏投手が「なぜ引退するのですか」と聞かれて「打者の外角一杯に立っている銀色の棒が見えなくなったから」と答えていた。シンクロナイズドスイミングの小谷実可子さんも、水中の棒について話していた。そうした話は、本当は当たり前の話だが、現役中は言いにくかったのだろう。

現在、米メジャー（エンジェルス）の大谷翔平選手について、大変評価されつつある。むろん、長いシーズン中には、一時的には低迷することがあるのは生身の人間である以上当たり前であろう。しかし、彼は先述のイチロー選手から受けた評価からもわかるように、格別すぐれた技術を有する稀な人物である。

その本当の根拠について今のところ述べるつもりはない。また一方、大谷翔平選手の投手としての素質も尋常ではない。それは、武道的にも難しい正中線の切れにある。要は、打撃術も投球術も同一の原理によるということを示すものである。問題は体力面だけである。それゆえ、常人にありがちな技術スランプは考えられない。

一方、イチロー選手や元ジャイアンツの篠塚選手などは吊り型正中線をうまく使うタイプであ

る。とくにイチロー選手の打法を「振り子打法」と呼ぶのは、頭を動かすことなく、腰をブラブラと自由に動かして間合を調整するからだ。その点、篠塚選手は腰よりも膝の動きが目立っていた。いずれにしろ両者とも吊り型正中線の働きである。とくにイチロー型正中線の特徴は、吊られた下半身全体が「浮き身」となっており、バットを振ると同時に両足とも一塁方向へ動き出している点にある。このような技法も居着かぬ足捌きそのものである（イチロー選手の打率の高さは主にバットにボールが当たった瞬間に打球の方向を調整できる能力による）。

つまり、初動で地を蹴る動きがなく浮き身における重心移動により手（技）も足も動かすもので、武道で、体の前進そして正中線の回転（正しくは切り戻し）そして体の前進という最も難しい技法の一つである。例えば、武道空手の突き技を「体の前進そして回転。そして前進」とスムーズに行なうことは、完全にインナーマッスルでしか不可能である。このような地を蹴らないスタート法によれば、内野安打の確率を高めるだけでなく、盗塁においても気配がなく、その後の走りの加速もスムーズである。それゆえ、この走法（スタート）は、その他の多くのスポーツに極めて有効である。疲労が少なく、怪我も極めて少ない。『五輪書』の教え「真実（技）は、心の中から発見せよ」からすれば、かつての武道家の記憶を想起した結果（シンクロニシティ）であろう。もし吊り型正中線が完成すれば内野守備の第一歩だけでなく、正面への強いゴロに対し楽に対処できるものである。また、投手も長距離打者と同じ「相撲型正中線」の確立が大切である。しかし、同期入団の投手でもある大谷選手と藤浪選手との違いは下半身の正中線の完成度の違いによる。投手の価値は、球速よりも精密なコントロールによることを自覚して下半身の正中線を確立することが第一なのである。

9 卓球

常勝中国のトップ選手についに肩を並べるまでになってしまった若きプレイヤー、伊藤美誠選手と平野美宇選手。ともにプレイタイプとしては「前陣速攻型」と呼ばれるもので、台に近い所

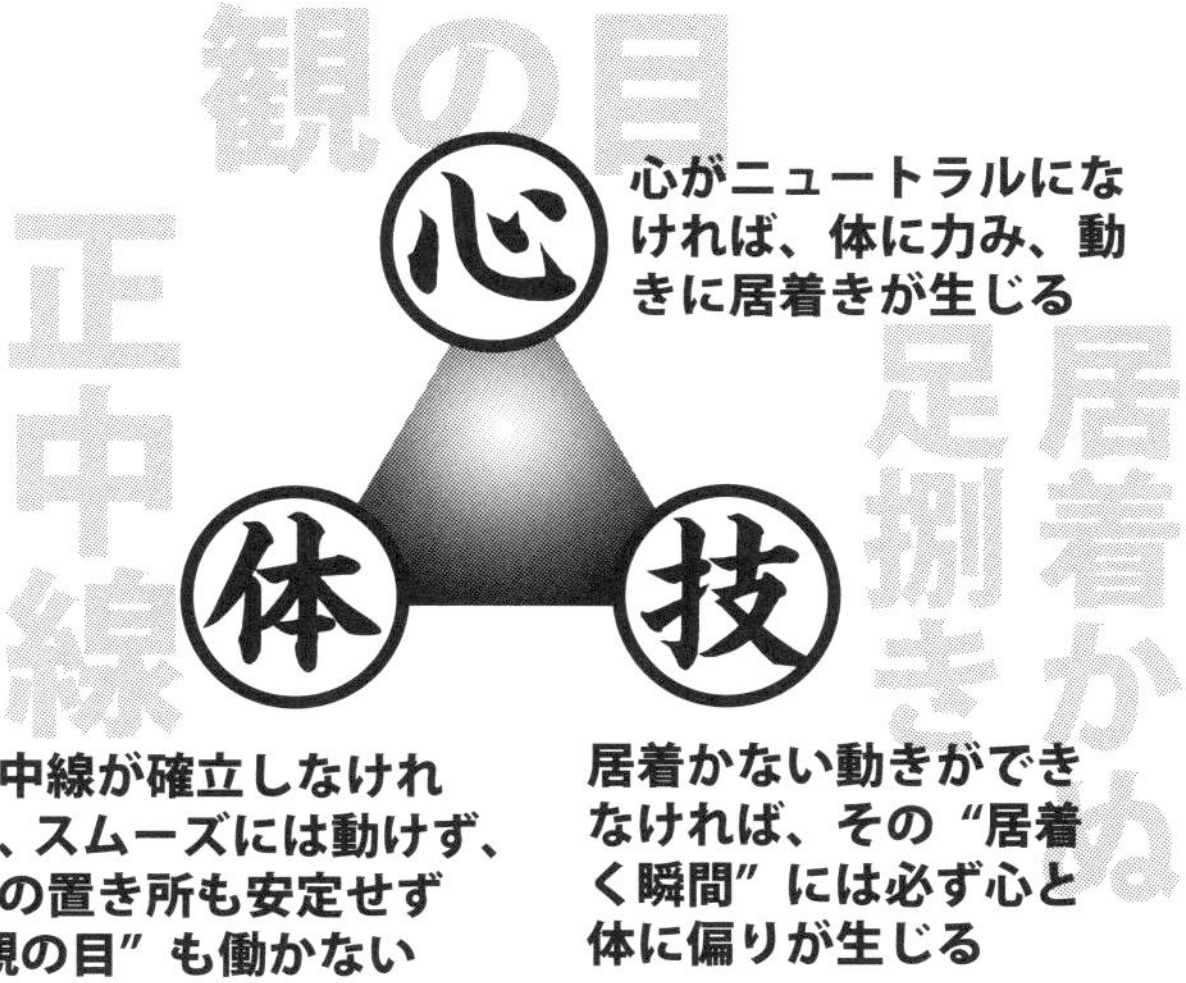
正中線が確立しなければ、スムーズには動けず、心の置き所も安定せず“観の目”も働かない

に立っての素早い攻撃を得意とする。台に近い位置に立てば、当然相手への返球は早くなるが、当然、相手ボールへの反応力も並以上のものが必要とされる。テイクバックをとっている暇がない、というのがこの戦型だ。伊藤選手の「みまパンチ」と呼ばれる得意技は、テイクバックをほとんどとらずに強烈な球を打ち込む短勁技法だ。

武道家の立場からみると、卓球の技術は武道技術（武蔵の二天一流剣術だけではない）に最も近い理に基づくスポーツである事がわかる。具体的には「当てて、打つ」や攻防の一体性など、一連の動きが大変似ている。とはいえ、卓球の現実の姿はいまだスポーツの常識から完全に脱していない。『五輪書』の教えからみると、足捌きと正中線および観の目の能力とが「心・技・体一致」といわれる状態になっていない点は無視できない。

卓球はメンタルのスポーツとも言われるが、だからと言って強くなるためには技術と身体トレーニング以外にメンタル・トレーニングもやらねばならないのかと言うと、少なくとも武道においては、そんな事はない。おそらく多くのスポーツも本質的には同様だろうと思う。

武道の技（真実）は、心・技・体のうち一つでも欠けると技術全体に影響するため、優れた技（戦術も戦略も含め）にはならない。卓球の一流選手であっても足捌きと観の目の能力は、それぞれ関係し合っているから、わかりやすく言えば「足捌き」一つ不完全であれば正中線も不完全であり、ことに観の目の能力が劣ってしまう事に気付くべきである。なぜなら、卓球選手がいかに足捌きを速くスムーズに行なっているつもりであっても、その方法が「フットワーク」である限り、もはや常人の限界を超える事はできないのだ。

武道家の目からみると、フットワークでは必ず二度居着いており、武道の居着かぬ足捌きとは大きな時間差が生じているからである。この「時間差」が観の目の能力を大きく左右する。この真実は、体感するしか気付く事はできない。武道的な「居着かぬ足捌き」とは、正中線の重心移動につれて両足が何の労もなく一瞬に移動する事である。難しく言えば一瞬の「浮き身」による「すり足」であり、卓球の場合で言えば、それと同時にリラックスしたラケットを持つ手がボールに「当てる（触る）」姿になっている事。これ以上合理的な動きはない。次の一瞬に、観の目の能力に従って打つべき場所に自由自在に「打つ」事ができるばかりでなく、足も攻撃に加わる事も容

〝当てて、打つ〟卓球

脱力して繊細に、精確に当てに行き（写真①〜②）、打つ（写真②〜④）。精確性、瞬発性を求められる卓球こそは〝当てて、打つ〟が功を奏す典型のスポーツだが、ボールがラケットに触れている時間の長さも重要。弾くのではなく、捉えて、打つ。

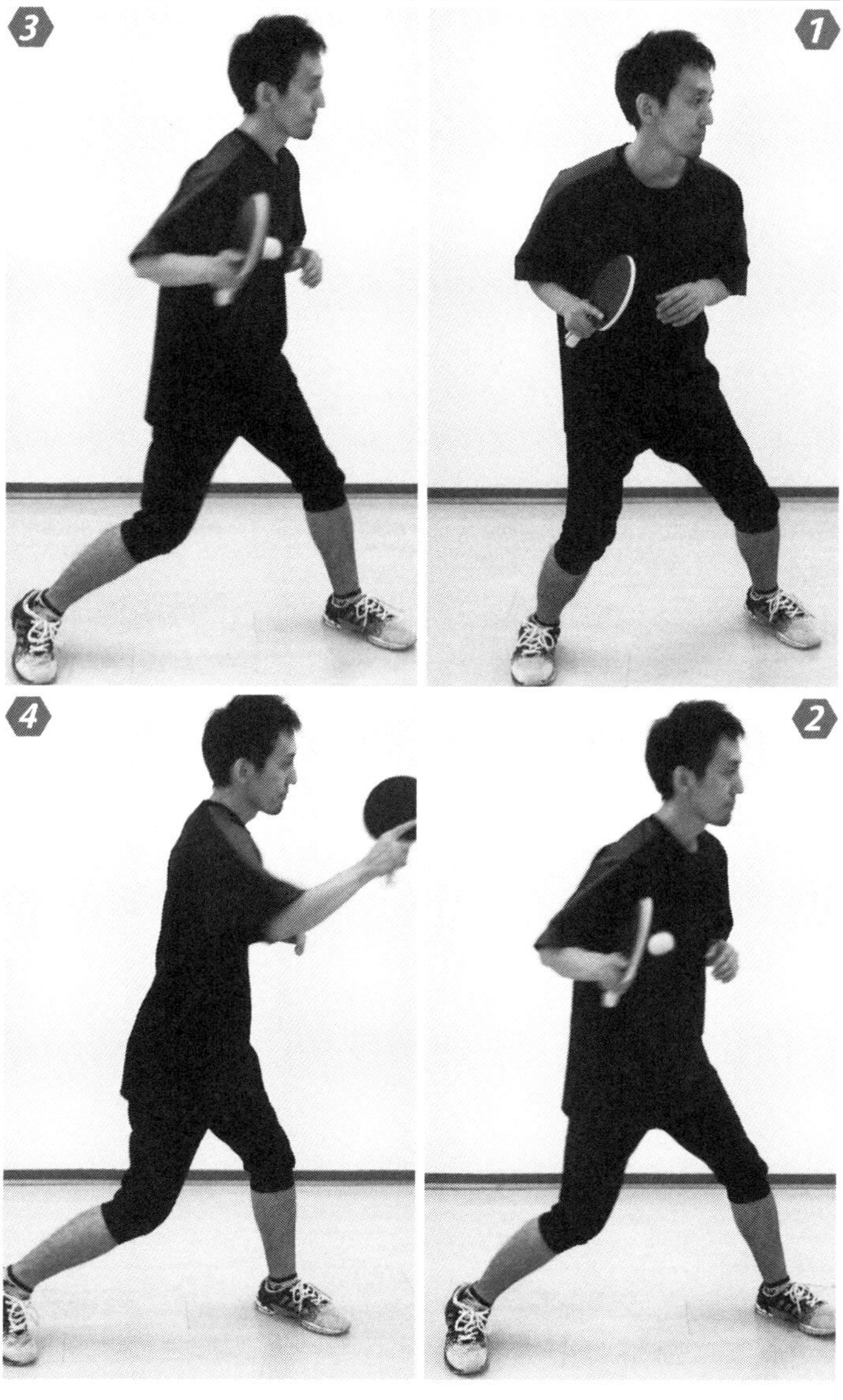

易である。なぜなら、正中線の重心は、一瞬も止まる事なくスムーズに動いているからだ。

つまり、「居着かぬ足捌き」ができれば、正中線の能力も十分に働くから、手足も自然にコントロールされるものである。それゆえ、相手からの正中線攻撃もまったく苦にならない。こうした一連の技と動きは、単なる正中線（地に支えられた相撲や重量挙げ型の正中線）ではなく、武道や体操型のスカイフック正中線でなくてはならない。正中線の重心（正中心、丹田などという）が浮き身によって、両足や手（技）を一瞬に一調子で動く事を可能とする武道の攻防一体の技とする技法と変わらない。この点、武道の心技と卓球の技とはまったく変わらないのである。一瞬の居着きが生死を分ける武道で、大成できなかった人々の最大の理由は、この居着かぬ足捌きを後回しにしたからである。これをメンタル面が原因と考えた人々も、その実、足捌きの問題である事は、先述した完全な観の目が働かないためである。

また、卓球ではサーブを打つ際、多くの選手がボールに見の目を集中しすぎる感がある。本当は半分は相手の気配を観る必要がある。合気道の開祖、植芝盛平翁は、「相手の武器を見るな。相手の技を見るな。相手を見るな。」と逆説的に教えていたが、観の目の能力は、動くものをとらえる（動体視力ではない）にあたって、武器は無論、相手の意図をもとらえる能力であり、その「時間的余裕」からすべてを観るという高度なレベルの差が生ずるものである。「球が止まって見える」「スローモーションに見える」など、技術の向上とシンクロナイズするものである。

この真実を表すのが、武蔵の兵法第七条から第九条の進歩として示されている（後述参照）。

このように、居着かぬ足捌きと観の目の向上は、吊り型正中線をも確立する事になる。

卓球は、言うまでもなく「当てて、打つ」技術である。素早く当て、自由自在に打つ事が理想の姿である。足捌きから生ずる居着きを超えた時間的余裕によって一瞬の戦術、そして戦略へと自ずと変化する事ができるようになる。それゆえ、ボールのスピードへこだわってはならない。スピードにこだわるのは、決して真実ではない。絶妙なタイミングを知らないために生ずる迷いである。無論、時にはボールのスピードを要する事もある。それは、あくまでもタイミングをとらえそこなった場合もあるからである。『五輪書』で「スピードは真実ではない」というのは結局、技の間やタイミングの大切さを知らない者が落ちやすい穴であり、スピードにこだわる結果、あわてるか、あせっているか」の状態になってしまうものである。

名人達人の技は決して速くは見えず、それでいて「間に合っている」（『五輪書』）。

著者も、ビデオなどで担当者から技のスピードを求められる事が少なくないが、本心は残念な心境なのである。剣豪小説などで「目にも止まらぬ早技」などといった表現は「素人受け」する妄説である。人はどう努力しても銃の弾のようにはなれない。

日本武道の技は、剣術中心の時代が長く続いたから、伝説的達人が百人以上現れている。

こうして生死を分ける技の天理は余すところなく研究し尽くされている。卓球に限らず、西欧

一瞬の変化

途中まで（左列写真①～④）は通常のバックハンド（右列写真①～③）と同じ動作だが、当たった瞬間から横回転をかけたショットに変化（左列写真④～⑥）。実際、卓球ではこのように瞬時に変化する事によって相手が対応しにくいショットを実現しているが、“当てて、打つ”感覚がなければ、なかなか難しい。

横回転への変化

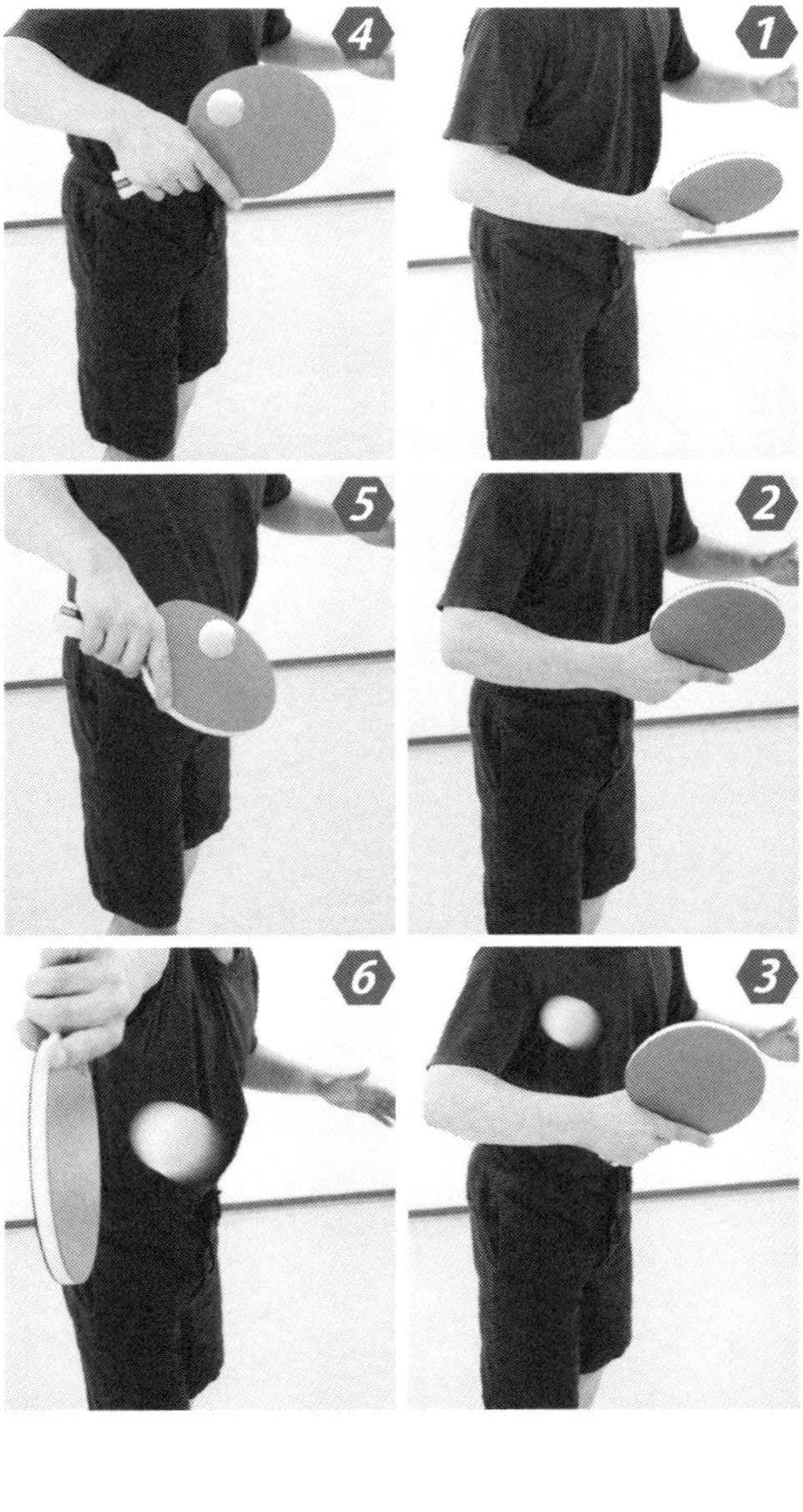

通常のバックハンド（ドライブ系）

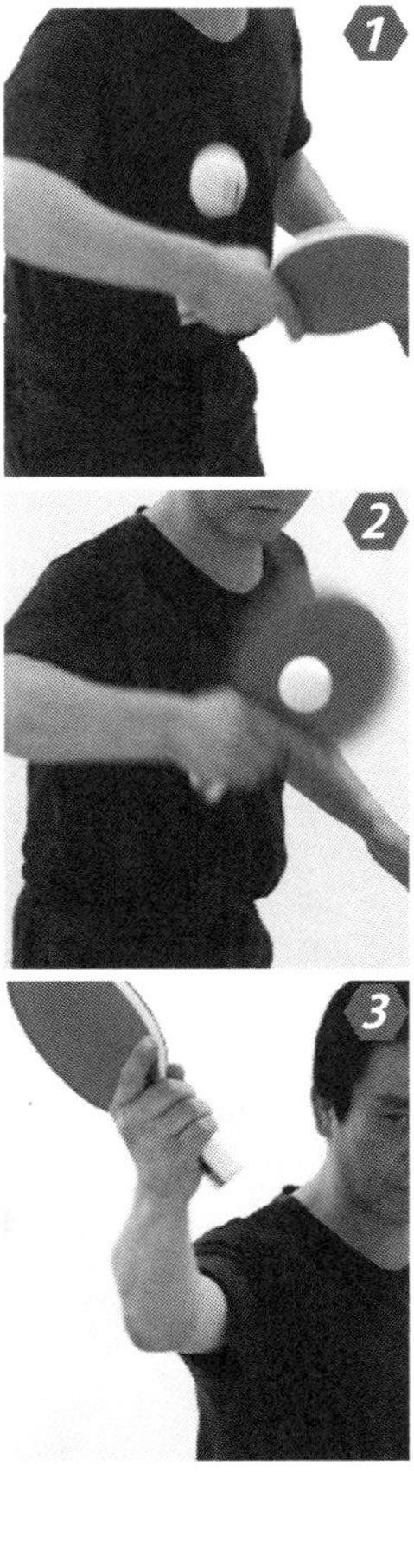

的な「フットワーク」一つとっても、剣豪の一人である千葉周作は、先の先の達人、高柳又四郎（生涯無敗という）を相手に「フットワーク」を十分試した結果、一流選手には通用しない事を確かめている。その原因が、「飛び込もうとして地からの反動を得ようとして、次に蹴るために」二度にわたって居着くからである。まして、飛び終わった一瞬の居着き（ほとんど前後の順で居着く）や、次なる技の居着き（モーション）などは話にならない（素人以下）。しかも、飛び込む足は、スピードがだんだんと遅くなり、止まるために居着く事が多い。この点も意外に大事な事である。なぜなら、「飛んで、止まる」動きは目に見えぬ疲労が重なり、技の正確さの障りとなる事も少なくないからである。

この話は、卓球では大問題にはならないかもしれないが、テニスなどでは大問題となる。それゆえ、それら一切と縁がない「吊り型正中線による居着かぬ足捌き」の体得は、卓球にとっての「生命」となるであろう。この足捌きは、武術家、甲野善紀先生や運動科学者、高岡英夫先生が詳しく説明している。

なお、吊り型正中線が確立すれば、年齢を重ねても、凍結した道路やバナナの皮で足をとられても転倒する事がない。また、足払いにはかからないものである。その瞬間に浮き身により、両足着地できるからである。

「浮き身」とは「居着かぬ足捌き」の応用であり、「浮き身とは何か」の項を参照いただきたい。

ともかく、足捌きで得た時間的余裕から、武道では、まず後退する事がない（必要がない）から自己のペースが得られるのである。主導権こそ勝負の要諦である。卓球界ではどうだろうか。それもこれも「居着かぬ足捌き」にかかっているのである。そこで、足捌きと観の目と正中線の働きは、無意識（自然体と平常心）的に深く関わっている（心・技・体一致）から、観の目の向上鍛錬法を次に示しておく。

（1）黒く薄い布（女性用ナイロン製ストッキング等）で二、三重くらいに目を隠して（ごくうっすらとしか見えない状態で）卓球をする。ゆっくり落ち着いて行なう事。

（2）耳栓をして、卓球を行なってみる。

こうした鍛錬（少しで十分）で、正中線や足捌きの上達を感じ取る事ができるかもしれない。その結果、誰もが大器晩成型の天才である事がわかるであろう。大器晩成型の天才こそ本物である。宮本武蔵ですらその一人なのである（先述）。

こうした人々にとってはメンタルが弱かった、フィジカル面が不足している、といった指摘は真実ではない。なぜなら、真実の技にははじめからそれらが含まれているからである。武蔵は当時でさえ、真実の技を鍛錬しているものは少ない（いない）と述べている。結局、超一流スポーツマンへの最後の壁は、武蔵の説く「天理」なのである。それゆえ、幼くしてそのスポーツ一筋に進み、時には天才（神童型天才）と呼ばれる人々はこうした注意が絶対に欠かせない。青年、壮年になってただの人とされる例は、枚挙に暇がない。

努力する天才とは、猛練習する人でない。

プロ野球で、ドラフト上位に選ばれる人々はほとんど天才と言える。しかし、打つ、投げる、走る体力だけでは通用しない。神童型の天才ほど天理に注意する必要があるだろう。

その後の「悲しい運命」は、常人だけの話ではない。

卓球が武道に最も似たスポーツと言った。

打撃系武道（剣術）では、真実の技にとって大切な要点について、一眼、二足、三胆（正中線の働き）、四技、五力、と言われている。

なお、卓球の試合で、1ポイントを得る度に雄叫びを上げる習性は好ましくない。『五輪書』の教え「先後の声」を見るまでもなくわかることであろう。

10 サッカー

武道空手の蹴り技は、突き技より修得が容易であるが、その理由が力任せの結果であれば、いずれ化けの皮がはがれるものだ。しかし、理に基づく蹴り技は、便利重宝この上なしと言えるほど応用が広く、手技を活かす事ができる。蹴り技（蹴り方）は多様であるが、基本となるのは前蹴りである。

前蹴りは、野球で言えば膝から下の部分は打者が振るバットに相当する。それゆえ、道具に力を入れるようでは、理に合った蹴りにならない。正しくはワニが尻尾を振るように、正中線の力をハムストリングスに伝えるインナーマッスル主導によるものでなければならない。単に力で蹴っていると40歳くらいで使いものにならなくなる。

しかし、正しく蹴るなら年齢的限界はずっと先の事である。

その正確さと威力は、サッカーボールを蹴っても変わらない。日本のサッカーチームのシュートの場面をみると、ゴールポストに当たり、外れる事が多く「決定力がない」と言われるのも、あわてているからではなく、蹴ったボールの威力もコントロール力も外国選手より明らかに劣っている。日本選手の足をみると膝前の四頭筋が異常に発達している者が多く、正中線からハムスブレーキ筋である腿前の四頭筋を力ませないようにし、膝から下も脱力して全体を鞭のように柔らかく使う事によって、むしろ大きなキック力が得られる。

トリングスに力を鞭のように伝える事ができないのも当然である。膝前の四頭筋は、山を下る時に使うブレーキ筋である。これを少しでも使うと、その蹴りはワイパーのごとく、コントロールもスピードその他（当てて、打つこと）をボールに伝える事ができないものである。

空手でも足の力で蹴ると同じ事になる。

つまり、蹴り方が正しくなければ、ゴール（決定力）が難しく、その原因はメンタルでも身体能力の問題でもない。基本が大事とはこの事である。

それゆえ、正中線を確立し、ハムストリングスで鞭のように力まず蹴る事を体得しなければならない。そうすれば、前傾姿勢になってボールに目がゆきすぎ、同時に敵と味方の姿や気配をみる観の目がまったく働かなくなるのも正中線を欠くためである。

とくにドリブル中には、正中線（吊り型正中線）が崩れては、敵にボールを奪われるのは当たり前である。敵のゴール近くでボールを奪われ反撃される事は、心身ともに大きなストレスとなろう。バレーで絶好のスパイクのチャンスで、敵にブロックされるようなものである。そうであれば、強力なミドルシュートを打つ方が、チャンスが大きくなる。強力で正確なミドルシュートは、ゴールキーパーも弾くのが精一杯となる事が多くなるからだ。

次に問題なことは「足捌き」を正しく体得するかどうかである（この事情は卓球の場合と変わらない）。その一つは、初動の際、地を蹴る事なく、まず「両膝を抜く事」である。これによっ

吊り型正中線が確立し、居着かぬ足捌きができれば、ドリブル力は格段に違ってくる。居着かぬ足捌きによる動きは非常に読みにくい。

て走れば、速いだけでなく方向転換も楽で、無駄な疲労が少なくなるからその目に見えぬ波及効果は大きくなるだろう。

また「吊り型正中線」確立による効果は絶大である。卓球の説明と話がダブるので詳しく述べないが、正中線による「浮き身」を体得すれば、ドリブル中でも左右の足を同時に別々の目的で使う事ができる。先述した甲野善紀先生は、この足の使い方を「水鳥の足」と名付けており、一流のスポーツマンでもまず不可能と述べている。この足を使えば少々遠いボールでも、軸足なしで蹴る事ができる。「浮き身」の最も効果的な使い方はブラジルのネイマールのドリブルである。２０１４年、ブラジルとの親善試合で、ネイマールに4点取られた事は記憶に残っていると思う。浮き身は、日本武道で伝承されている大事な足捌き（居着かぬ足捌き）である。著者も世界で相手への硬軟自在な体当たりによりまったく何の支障も感じた事はない。著者の体重は50キロ弱であり、体力的ハンデは皆無であった。

また、ヘディングシュートも、単にジャンプして頭をボールに当てるだけでは不十分である。頭自体もうまく使って「当てて、打つ」べきである。著者もテレビで、犬が横に吊られたパンに食らいつくパフォーマンスを要求されて実演した事があるが、あまりにも品がないので、カットしてもらった事がある。要は、頭で当てるだけでなく、一瞬に「打ち方を修正する」事である。常人は、はじめから実行すると首を損傷する恐れがある。ナイハンチの型にその鍛錬法が含まれている。

もう一つ大事な事がある。日本代表のゴールキーパーにはみられないが、ゴールキーパーは、しっかりと踵を地に着けて立ち、瞬時に「膝を抜き」「浮き身」「沈身」とともに「重心移動（三次元運動）」の力によって、手足を運ぶスムーズな動きを体得すべきである。

腰腹に力を入れてインナーマッスルを作動し、先に手を動かしてはならない。先に手を動かすと身体や特に足（フットワークではない）が止まり、結局は間に合わないからだ。

11　バレーボール

バレーボール界では、日本人は高さとパワーに欠けると言われる。しかし、日本バレーボールは過去二度全盛期があった。そのいずれも新戦術を開発した結果である。〝戦術〟という観点でみると、ジャンプ力においては高さだけでなく「滞空時間の延長」も大きな武器となる。

同じ事のように感じるかもしれないが、ジャンプした時、滞空時間が異様に長く感じられる外国人選手を稀に目にすることができるはずである。物理的に言えば、ジャンプ中の滞空時間は、跳んだ高さによって決まる。…というのは、剛体の場合であって、人体は必ずしも剛体ではない。人間には内臓や血液などがあるから、ジャンプ直後にそれがブレーキのように働くものである。

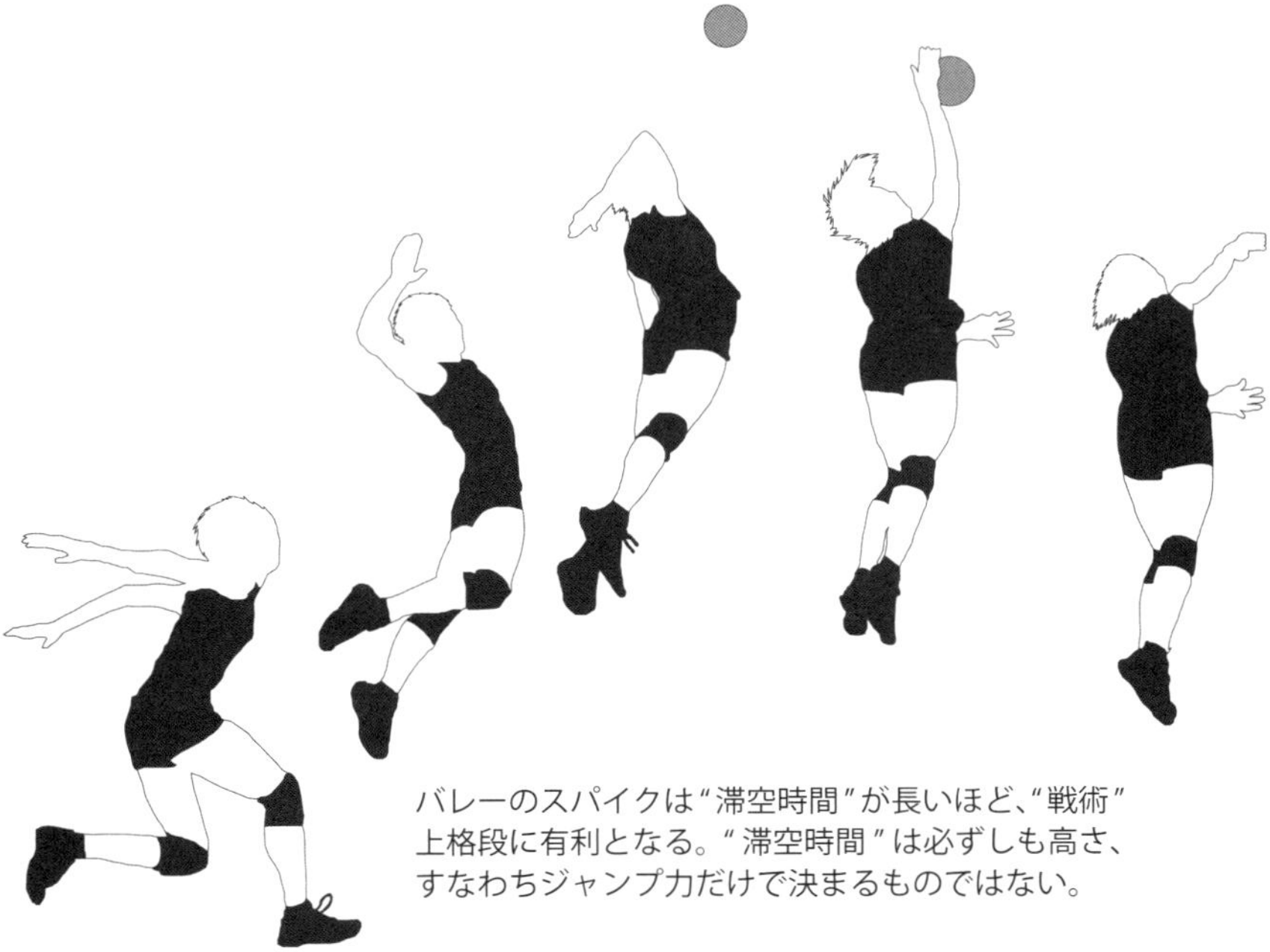

バレーのスパイクは“滞空時間”が長いほど、“戦術”上格段に有利となる。“滞空時間”は必ずしも高さ、すなわちジャンプ力だけで決まるものではない。

武道空手でも「浮き身や沈身」の技法においても、また、居着かぬ足捌きでも滞空時間のコントロール（延長だけでなく、短縮も可能である）は必須である。

その方法は、下腹の締めであり、正中線をより細くするイメージと言うしかない。第一、正中線が確立していなければ、身体に余計なモーメントが働くからそれどころではない。著者は丹田が豆粒ほどであるとか、正中線が針金のように細いといった表現は好まない。が、正中線は全身と関係しているのである。全身とは体全体のインナーマッスルと言ってもよいだろう。その実際の姿は、フィギュアスケートの3、4回転に秘められている。もし、バレーボールでのスパイク（ブロックでも）の際、ジャンプの滞空時間が０・１秒でも長ければ戦術上の自由度が大変高まるのは理解できると思う。要するに人が力一杯ジャンプしても、体内でブラブラしている身体部位がある以上、高さも滞空時間もその人本来の能力より劣ってしまうのである。

しかも、力ずくのジャンプは体の故障に繋がりやすい。スパイクの際、早くから利き手から先に上げようとするのも、正中線のためにも好ましくない。それゆえ、腰で（正中線で）ジャンプするイメージから始めるしかない。

かといって、武道空手から始めるようでは時間的に無理があろう。ただ、滞空時間の延長は、別に不思議な天才にのみ可能な現象ではない。日本では、ジャンプ系の武道家による驚くべき記述が残されている。しかし、残念ながら今日では浮き身一つとっても可能な人物は希有なのである。

12 槍投げ

武道空手の基本技の「理」の一つは重心移動により、ナンバ走りのように片側の手と足とを同時に引きつけるように始動する点にある。つまり腰（正中線の中心）で足（転位）と手技（転技）とを同時に始動する事である。

武道空手の基本技であるとともに、最も大事な順突きは、この理からみると武道空手の極意で

〝逆突き〟的な投擲

〝順突き〟的な投擲

槍投げにおいてはあまり行なわれない方法だが、右足を踏み出し、その着地と同時に右手で槍を投げる、空手の〝順突き〟に相当する体操作によれば、筋力を超え、体重を活かした力を生み出す事ができる。

ある。

もしこのように、例えば右足の着地と同時に右手の槍を投げる事ができるようになれば、槍の到達距離は、それまでの方法による記録を大きく上回る事が予想できる。

その理由は、重心移動が大きく速く、かつ腰の切り戻しが使えるから槍をさらに加速できるからである。加えて、従来の投げ方では助走の最後に足をバタバタとして活かしきれていない。それは制限ラインが定められているためであろう。しかし、武道の理によって投げる場合、ライン一杯まで助走が可能（ラインオーバーの恐れがない）だからそれらの相乗効果が期待できると考えられる。現代人は、ナンバ歩きがかえって難しいように、この「理」の体得は大変難しいと思われる。同様に武道空手の順突きも「天理」を本当に体現する事、武蔵の教え（ゆっくりとスムーズに技を鍛錬する事）は容易ではない。それゆえ、空手でも一所懸命なトレーニングに走るなら、不可能と考えてあきらめてしまえばそれまでとなろう。けれども著者の体験からすると不可能どころか正中線の作り方次第で十分可能なのである。しかも、これ（順突き）以上の優れた技が存在しない事を体が知っているのである。

13 スピードスケート

中速で単純な動作の繰り返しを主とするスピードスケートは『五輪書』の大切な教え「一動作、一動作をゆっくりとスムースに行なう」鍛錬がまず、欠かせない。そうする事で正中線から必要なすべてインナーマッスルを効率的に使った加速ができるからだ。「ゆっくり、スムーズ」な動きから、「理」を初めて体感できる事は合理的であり、武蔵はそれが達人への道と述べている。そうする事で氷を蹴る無駄（無理）がなく疲労も少ない。また、蹴り足の反動力が直接正中線（腰）に返ってくる感触が大切である。やみくもに力一杯蹴るとその反動が正中線でなくバラバラに返り、体軸が崩れ、疲れるだけである。腰で足を蹴る心境と言ってもよい。この点、スピードスケートは日本人に向いている。空手の順突き（武道空手）に限らず、突き技の場合、重心が体の前にあると効果がないのと同じ事である。タメが大事なのは、すべてのスポーツと変わらない。ただ、正中線は、一直線に首が繋がっている事が大事中の大事である。柔道の山下選手でもアゴが上がっているとちょっとした選手にも勝てないという。首は、馬が走る時大事な働きをしている事がよくわかる。スケートでも体幹の強化にあたって、首や下半身を忘れては致命的となる。

14 スキー

スキーのジャンプ競技では、諸々の要素が関わるから細かい要点は省略する。ただ、踏み切りの強さとタイミングの安定性が優れた武道的な「無反動で強力な沈身」が可能となれば飛行距離を大きく伸ばす可能性がある。

反応速度の測定の件で説明したように、「極めて強力な蹴りが撃力としてジャンプ台に与えられ、タイミングを誤る恐れもないからである。両踵で正中線方向へ一直線となるように蹴れば理想的であろう。ここで行なう「沈身」は身体内部も剛体化して行なうのでその反動としての「浮き身」の効果も加わる。

このような沈身は、一般常識を超えた感があり、はじめからできる人はいない。
また、滑降や大回転競技で「浮き身（滞空時間の延長）」を応用すれば必ず効果があると思われる。
「浮き身」と「沈身」とは、同時に行なう事も多いが、その内容は本文に示している。

（注1）浮き身と変化技

体軸（正中線）を正して立つ。この時膝を一瞬に抜くと身体は垂直に落下し始める。この一瞬に腰腹を締め上体および脚（膝から上）を固める事で、身体が一瞬無重力状態となる。この一瞬に腰腹を三次元的に少し移動するとともに左右にねじる事で、自身の体の位置を変え、その力を利用して相手への最短距離（死角）から最適な技を出す事が何の無理もなく可能となる。いわゆる転体（体捌き）によって転位（足捌き）と転技（攻防一体の技）が何ら居着く事なく可能となる。

この時の足捌きは、半空中にあるから「すり足」と呼ばれる。技のスピードは、全身をバネとするから、相手の技よりずっと速い。

居合い抜きの速さの秘密は、この浮き身により、太刀が無重力状態にある一瞬に行なわれるから、同時に行なう腰腹の動きと相まって、通常の抜刀より楽で速く、抜きと斬りが一調子となるため、有効な技術となっている。

体軸（正中線）を正して立ち、膝を一瞬抜く事によって身体が落下し始める（写真①～②）。この一瞬に腰腹を締め上体および脚（膝から上）を固める事で無重力状態（浮き身）を作り、この一瞬に腰腹を三次元的に少し移動するとともにねじる事で一瞬のうちに体の位置を変え、死角から技を出す事ができる（写真②～④）。

一瞬、浮き身を作り（図右）、急速に落ちる（沈身：図左）と同時に突きを出せば、重力質量プラス慣性質量が体重として加わり威力が倍増する。この際、腕の能動筋力でなく、受動筋力を使う事が重要。

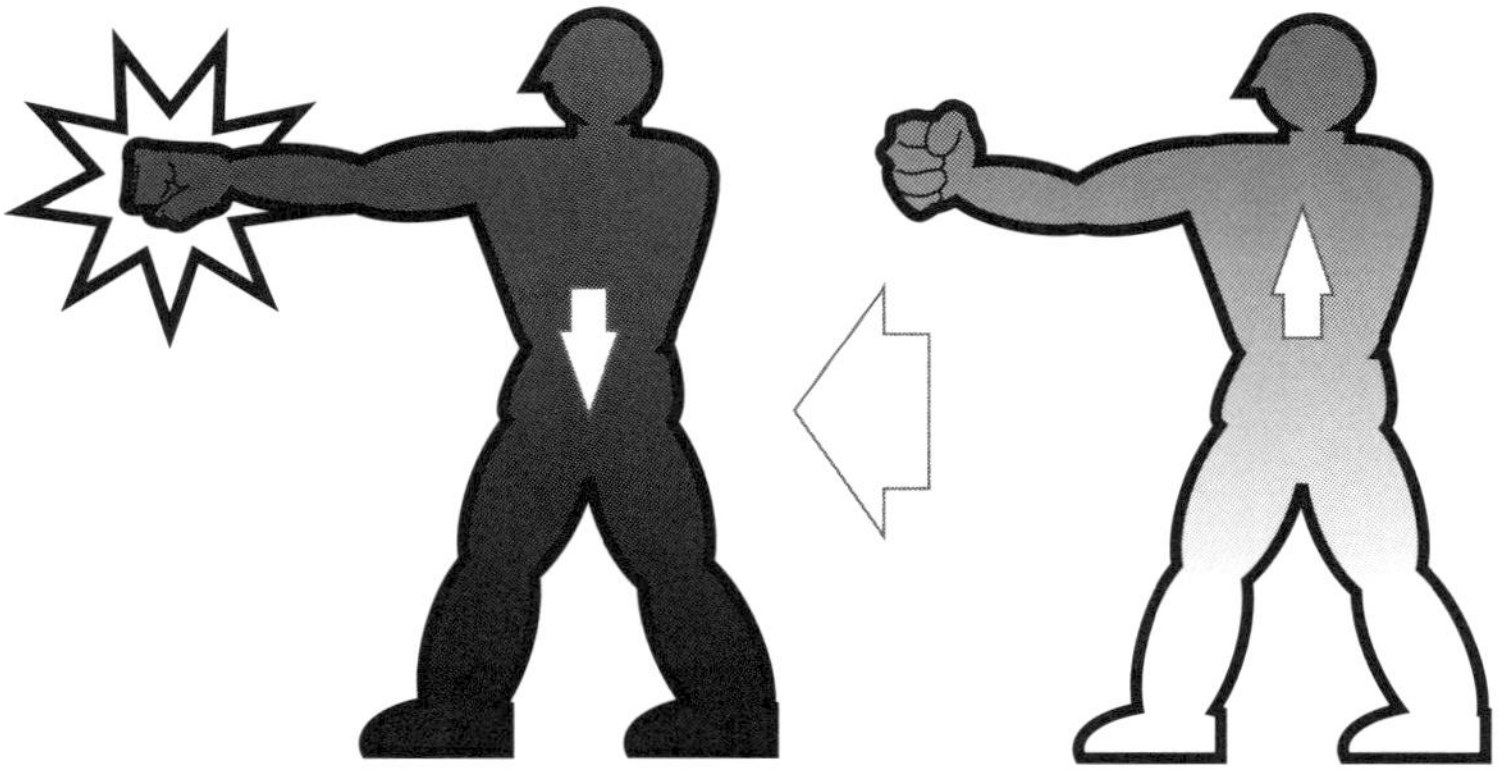

（注2）沈身と技の強力な極め

必要に応じて、浮き身の状態を作っておき、技（突き技、面への上段打ち）の極めに合わせて急速に地に落ちる事によって重力質量プラス慣性質量を体重化（力化）し、技の威力を2倍以上とする事ができる。そのため、技は能動筋力ではなく受動筋力を普段から養成しておき、正確かつ強力かつ深い技が可能となる。そのためには、まず「浮き身」の要領を十分鍛錬しておく必要がある。

「居着かぬ足捌き」については、すでに少し説明した。改めて言い換えると、いついかなる瞬間でも一瞬に「浮き身」から沈身に移れるよう正中線上に体重を置き、絶対に一方の足に体重がかからないよう（居着かず）歩く事で、相撲でいうすり足とは少し異なる。

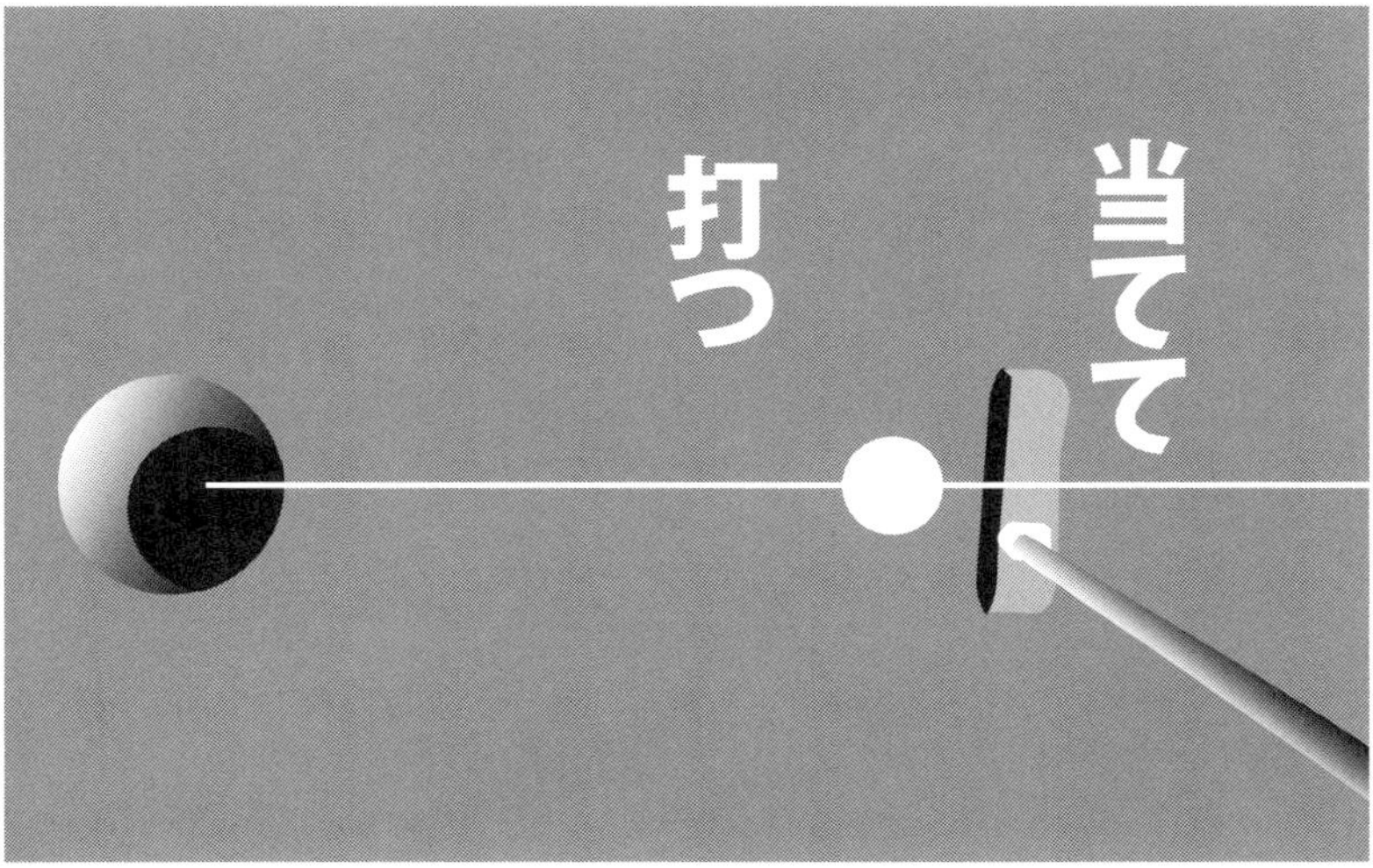

むしろ「能」の歩き方に近く、無心に近い心境になりやすい。それこそ「ゆっくり、スムーズ」に歩く事で、どんな天才でもすぐできない歩き方である。これなしに「変化技」は不可能である。

15 ゴルフ

ゴルフも「当てて、打つ」スポーツである。そのうちドライバーでは、真直ぐにより遠くへ跳ばすことが目的であるから腰腹の切り戻しや上体の柔軟性その他、細かな注意点がある。しかし、何よりも大事なことは、地に生えたような、つまり、野球の長距離打者型の正中線の確立が第一である。また、アイアンやサンドウエッジのような「当てて、運ぶ」ような打ち方や、ホールから一メートル以下で左右に傾きが大きい地面でのパットのように「当てて、押し込む」ような打ち方がある。これらの打ち方は、イチロー選手のような、頭を固定した「振り子打法」と共通する吊り型正中線によらなければならない。

とくに短いパットでは、体より先に手が動くことは禁物である。この感触は武道空手の「短勁」の打ち方と変わらない。このようにゴルフは正中線の使い方が一様でない点からみると、単純のようで最も難しいスポーツであろう。

とかくゴルフはメンタルなスポーツと言われる。ボールを打つだけという単純なスポーツのようでも、一流選手でさえ、長くスランプに悩むことも少なくない。しかし、武道の技（真実）からすれば、本当のところメンタルの問題ではなく、場合に応じた正中線の使い分けが難しいからである。

16 体操競技

体操競技のうち少なくとも鉄棒や鞍馬のトレーニングは吊り型正中線を作る基本としてすべてのスポーツの基本である。

ここでは体操そのものというより、試合上の採点問題で着地の良否について述べる。

着地でドスンと落ちる者が少なくない。それゆえ、着地が乱れそうな場合、つま先から受け身

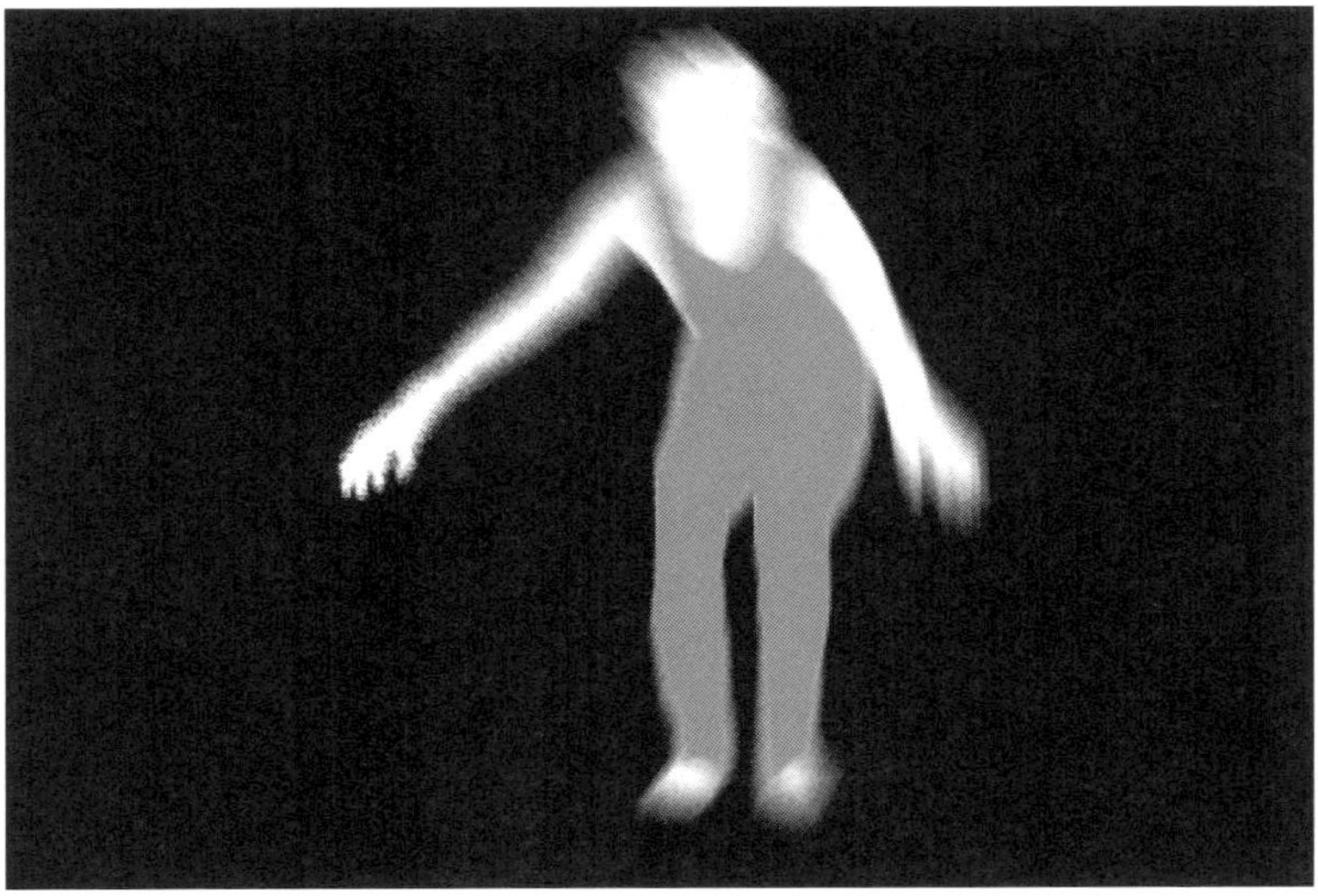

のように一瞬先にマットに着地し、次の一瞬に両踵を落とす間に正中線を復元することも可能ではないだろうか。浮き身の手法をとれば、卓球の項で述べたように、少々の体勢の狂いは修正できるはずである。

17 バドミントン

相手がネット際にシャトルを落とす場合、あるいはコートサイドぎりぎりに打ち込むような場合、大概の選手はシャトルの方向に片足ばかり大きく踏み込んで打ち返そうとしている。『五輪書』で片足ばかり動かす事を注意しているのは、肝腎な「重心移動」（正中線の移動）になっていないからである。

そのため「この体勢」からたとえ打ち返して

も自ら不利をまねくのが普通である。これを改善する唯一の方法は「武道的な居着かぬ足捌き」だけである。この足捌きさえマスターすればバドミントンだけでなく卓球その他のスポーツに著効がある。

東洋人のすぐれた「正中線」と「観の目」も「足捌き」が正しくなければ「心・技・体の調和」は不可能である事は本文に示した通りである。その結果、正中線に関わる「攻防一体」の技術が大きく進歩する事を実感できるはずである。東京五輪までに間に合う。

18 短距離走と長距離走（陸上・自転車など）

かつて、スポーツ科学（理論）では、人間の筋肉には赤筋と白筋とがあり、その割合はほとんど先天的に決まっていると説いていた。

そのうち赤い筋肉は遅筋と呼び、持久力はあるが、速い運動には向いていない。一方、白い筋肉は瞬発力はあるがすぐに疲労する。

極端に言えば、100メートル走は速筋の割合が多い者が有利であり、それによってアメリカ黒人と一般日本人の違いなどを説明していたものだ。

その事実は、素質と呼ぶ運命的な違いであるから、陸上短距離走選手がマラソンへ転向したり、またその逆もナンセンスとされていた。

このような説明は当時の日本スポーツ界の実情に合っており、努力だけではどうにもならない真実とされていた。しかし、今日では日本のマラソン選手はごく一部を除いて、以前より退化しており、また、逆に優れた100メートル走選手が現れ始めている。しかも、速筋割合が多いはずのアフリカ黒人にマラソンで優れた結果を出す選手が多数出現している現状である。

つまり、筋肉の性質による違いは一理あるが、真実は、結果が先であり、理論はその後に作られるものである。つまり、推定された理論は真実の原因論ではないということである。近似値であっても絶対値ではない。なぜなら真実（結果）には、筋肉以外の大小さまざまな要因が関わるからだ。

それゆえ、選手は最も大きな修正点に気づくようなコーチとの縁が何より大切であり、そうでなければ本人の研究心と鍛錬が大成の秘訣と言えよう。要は、ただ他人に教えてもらうとか、個人的に一生懸命ないし力一杯努力するだけでは大概成功しないということである。この事実は古来より枚挙に暇がない。スポーツで大成しようとするなら、何よりもそのスポーツの形や動きでなく、そのために不可欠な「天理」と、その一部の大事な「理」に気づくことが先決である。著者はこの「理」（天理）を真に体得した者を、年齢に関わりなく真の天才と考えている。

「名選手、必ずしも名コーチならず」とは、そのような事情を表すものであり、すべてを教えてくれる人物などは希有であり、また、いたにしても縁があるとは限らない。しかし、大自然ないし、人間の潜在意識はその人物が心から切実にその道を求め続けるなら（その道の素質はこの点にある）、それを自覚している「天才」こそ努力する天才である。猛練習だけではなく、天理に基づく技を突き詰める正しい鍛錬である。宮本武蔵は『五輪書』にて、それを学ぶ極意を「ゆっくりと、スムーズに行なえ」と教えている。この具体例についていくつか次に説明したい。

武道では「技」がそうして一応完成すれば、相手がある場合はその技の使い方（術）として「大胆・細心」が大事と教えている。「大胆・細心」とは、簡単に言えば、リラックスした身体と無心の心である。それこそが技術の正体（真実）なのである。

以下の説明によって、「ゆっくりと、スムーズに」の真意に気づいてほしい。そうすれば「達人の境地」（『五輪書』の教え）とは、どんな理論より大事な真実であることが必ずわかるであろう。

第一例　スピードスケート

スピードスケートで大事なことは、それが距離の長短に関わらず、スケート足の力で氷を蹴る感覚があまり強すぎない方法が第一である。そのためには正中線の重心（臍下丹田などと言う）に気を込めて足脚で氷を「ゆっくりと、スムーズに」後方へ正しく押すように膝を伸ばすことである。ただし、体が前進しないよう障害物（柔らかい物、ないしはチューブなどでよい）をセットしておく。

例えば、先述したように力一杯とか一生懸命など諸々の蹴り方を試してみると、蹴った反力が臍下丹田へ集中せず、正中線が崩れ、バランスが取れず、疲労しやすいことがわかるはずである。そうした、トライ・アンド・エラーからどんな蹴り方が正しいかわかってくるだろう。

つまり、下腹の力（無意識的な受動筋力）から首の状態を含む正中線各部のあり方、そして加速の効率（風の影響を除く）を体で感受することができる。その結果は、力みのない自然な美しいフォームとなるものである。

その後のさらなる必要な鍛錬の内容も自然とわかるであろう。苦しそうにゴールするのは、それ以上の進歩が望めない。

第二例　自転車競技ー短距離

自転車競技の上達法はスピードスケートの場合と共通する点が多いと言われている。ただ注意すべきことは、短距離の選手がとかく基本と考えて長距離の練習をしないことである。

それは、はじめに記したように速筋だけでなく遅筋も鍛えてしまい、速筋の働きのブレーキとなってしまうからである。例えば、競馬用のサラブレッドとアラブ種の馬の足の太さを比べてみることである。必ずしも100パーセント通じる例ではないが、スピード系（短距離系）のサラブレッドの足は異常なほど細いものだ。速筋は荷重に対して大変敏感なものである。だから速筋を鍛えるためには、短い距離で、少しずつ荷重をかけてスピードを求めることが大切である。空手で軽いサーシ（握って振る軽い錘）も、そのためにある。

それによりはじめは「ゆっくりと、スムーズに必要な動作」から鍛錬しなければならない。なぜなら、その動作が正しい技と似て非なる結果となるケースが圧倒的に多いからである。「ゆっくりと、スムーズ」に行なうと、その技だけでなく「理」を識ることができるものである。その理の根本となるのが正中線の働きである。それが近頃言われるようになった表現で言えば、インナーマッスルの使い方なのである。それが、千葉周作の教えであり、「理より入るは上達早し。技（乱取り、ないし業の意）から入るは上達遅し」である。

「ゆっくりと、スムーズ」な鍛錬は、何よりも上達への早道である。しかし、それが最も難解な教えのごとき現今の人々の状態は皮肉と言うしかない。

19 その他、スポーツ全般

天理とスポーツに対する課題として、当面目につく、スポーツのみ取り上げた。「天理」への理解、体得は、あらゆるスポーツや身体芸能、芸術に益する事は間違いない。もちろんその逆に、空手道初代名人大塚博紀師が「能」を研究した事は広く知られている。この天理を引き出す特別な応用法もいくつかある。

冬期オリンピックの代表的種目であるスキーやスケートだけ取り上げても、著者なりに思う所がいくつかある。

例えば、スキーのスラロームでは、日本選手は、回転時にブレーキをかけすぎている。もし、浮き身と正中線の使い方を研究すれば、時間的ロスと労力を軽減できると思う。

また、滑降でもジャンプする場面がある。もし、浮き身と腰腹の締めと切り戻しができれば、滞空時間も長く、方向の微調整も可能であり、風などの悪条件がなければタイムを縮める適切な速度が得られると思われる。

スケボーでは条件が異なるが、常に行なっている。

浮き身による滞空時間の延長は、武道では勝負を決定する一大要素である。バスケットボールのマジック・ジョンソンが天才だからでなく、鍛錬次第で誰もが可能な事なのだ。いくら強くジャンプしても正中線（ことに内臓）がグラグラしては、骨折り損となる。速い居合い抜きも、一瞬の沈身により太刀の重さが軽くなる。

武道でもジャンプ系のものがあるが、この「理」によるものである。決して反動をつけて（居着いて）跳び上がるのではない。

スキーのジャンプ競技でも「力一杯」、それもつま先まで力を入れる跳び方は、瞬発力（力／

時間）がロスする（プッシュになる）。腰腹による無反動の沈身（慣性質量―体重の2倍以上となる）の反動力を両踵で正中線方向に与えれば、力だけでなくジャンプのタイミングもより正しくなるだろう。

40年ほど以前、先述したようにこの方法で反応速度を正式に測定した事がある。大学研究室で教授による測定環境下で行なった結果、3回とも0・07秒となったが、理論的に不可能という理由でデータから削除された事がある。近年の研究では、人間の反応速度の限界は、0・06秒と聞いている。この事実からも、反応速度（正中線の垂直落下）と、認識力（観の目）とが大きく関わっている事がわかる。この点（観の目）からすると、一流の卓球選手でも、サーブ時にボールを注視するのは次の反応に差し障りがあると思う。『五輪書』でも「蹴まり」や曲芸人でも名人はまりなどは見ていないと、観の目について教えている。

このような観の目は、動体視力などではない。デジタル的な無意識の能力である。誰もが何らかの危機などに生ずる現象であるが、この状態で一瞬にスイッチを入れる事ができる人は、何らかの方面の名人上手となるであろう。観の目の養成は、技のスピード以上に大事な真実であろう。このスイッチを入れる動作は、体操の内村航平選手（跳馬で）やラグビーの五郎丸歩選手（ゴールキックで）が行なっている。正中線が確立している証明である。

また、持久力の強化についても、外国人の見聞記も示されているように、江戸時代の人力車夫が「江戸から日光まで」走る事実や、飛脚の能力に驚嘆している事実も再考する必要があろう。それは、ケニアなどのアフリカ黒人たちのマラソン記録の秘密とも無縁ではないと思われる。また、スポーツ上達の過程において、次章の宮本武蔵の「兵法九ヶ条」にも十分注意する必要がある。武蔵も晩年「軍の問題」「国の治め方」についても相談に乗ると忠利公に手紙を返信している。兵法九ヶ条は、何の道を鍛錬するにしても多種多様の分野を学ぶ事が技だけでなく、戦術戦略にもつながる事、そしてそれが常人を超えた「観の目」の発達と関連している事を教えている。事実、雷電為衛門などの超人たちは、文才にも優れていた。著者は理科系だが文系を軽視する傾向は、大間違いであると思っている。

文武両道とは、文と武の両方を学べという意味ではなく、その間の真実は差別できないからである。

第5章

兵法九ケ条

1 宮本武蔵の「兵法九ヶ条」と競技力向上

「兵法九ヶ条」は、

一　邪心を心の主とせず、無心を主とすること
二　人の道は知識ではなく、実践を重ねて身につく智恵であること
三　一芸は真実への便法であるから、多芸を通じて体得証明すること
四　自分の専門的能力や職業だけでなく、広く他の分野の内容も理解すること
五　理性的に大局から物事の利害と損得を判断すること
六　すべてについて、正しく鋭い感性を養うこと
七　五感を超えた真実に対する智恵を養うこと
八　ささいな現象も大事の一端であることもあるから、見逃さぬ智恵を磨くこと
九　無駄なことは避けるよう務めること

となっている。これら各条項の真意は、武蔵個人の考え方というより、日本文化ないし人類普

遍の真理であるから十二分に注意すべきである。

ゆえに、それらはスポーツマンの競技力向上のためだけでなく、その人物の成功（運命）にも関わる大事だからである。それらの事実は、『武道憲章』もそのように表現している。スポーツの究極も同一である。

以下に詳しく説明する。

一　邪心に基づいた目標意識から始めた分野は、もとより人の道でないから、いずれは自他ともに害する結果となる。著者はこの点について、たとえそうであっても人は何らかのきっかけ次第で「化ける」ことがあると信じて武道を指導してきた。現実上の実感としては、その正否はただちに判断する事はできない。人はすべて修行中であり、すべては最終結果からその正否を判断するしかないだろう。けれども、短期的な分野であるスポーツの技術向上の点からすれば、この道を選んだ以上、この「邪心のない目標意識の持続」こそがその道の素質であると考えられる。なぜなら、第二条以下のすべてがこの第一条の具体的内容だからである。初心が肝心と言われるのも、初志貫徹とか初心忘るべからずと言われるのも、すべてこのような事情からである。初心者の頃には単に「強くなりたい」という意識の下に隠れている事が多いが、昔からこの点に道の指導者は強くこだわっていた事がわかる。

近頃のスポーツ界のゴタゴタは言うまでもなく「邪心」が原因であろう。こうした現象に対し、周囲があれこれ批評するのも、現代の多くの教育者たちも含め、虚しく思われる。これらの点については第二条に「知識の問題だけではなく、智恵（鍛錬による体現）とある通りである。誤解してはならないのは、このような智恵は人が生来、自身の潜在意識の中に持っているものであるから、外に求める事なく鍛錬によって想い出せ」というのが武蔵が強調しているゆえんなのである。

二　道は知識ではなく、実践と鍛錬により身に付けるべき智恵である。したがって、民主的討論や話し合いで得られるものではない。智恵は、自然界から、あるいは智恵の優れた師から自ら感じ取るしかない。そのためのヒントが鍛錬の継続の中に秘められている事を教えている。初心忘るべからずとはいえ、単に力一杯や一所懸命だけでは継続し難い。

自らその道に向いているかどうかも含め、結局のところゆっくりとスムーズな理を鍛錬するしかない。

三　その道の鍛錬を重ねても、その目先の目的（手段）がはっきりしない事も少なくない。それは、道の上達を妨げるような邪念雑念やその人なりの「こだわり」があるからである。そんな時には、その他の多くの芸を参考にすべきである。「一芸は万芸に通ず」という。その中に必ず上達への共通点があるものである。それを理解し鍛錬してゆけば、必ず工夫や発見に繋がってくる。専門バカになってはいけない。道に繋がってこないものである。

四 1〜3の鍛錬にも関わらず、その道の上達が思わしくないなら、その原因は本人が意識し難い「心身のクセ」を反省してみる必要がある。身の先天性の「クセ」は病気のようなもので、我流となって普遍的真実から離れてしまいがちとなる。後天的な知性的なクセ(偏り)は、もっとやっかいな上達の障壁となる。

かつては、「邪道、魔道、外道」などと呼ばれ、最もつつしむべき状態とされた。そのために、広く世間の専門家や職業者の目的やその状態を広く観察する事が大切なのである。

五 人や社会は、独立個存しているのではなく、複雑な関係としての存在である。その関係の大小は数量で表す事ができない、それゆえ、自分勝手な「利害、損得といった計算」は真実ではない。俗に、「あわてる乞食はもらいが少ない」という。それゆえ、目前の小さな利が大損であったり、その逆も少なくない。個人はもとより、日本国家の指導者の過去におけるそうした判断の結果は誰もが知っている。その原因は広い理性の欠如によるものである。

例えば、個人的には「陰徳」の大事が知られている。一種の損が、後の大利となる真実の教えである。こうした目前の「利害、損得」と理性的大局観による判断の結果とでは、まったく異なるものである。言うまでもなく「理性的大局観」による判断の方が真実に近いものである。スポーツ能力の向上にも、こうした広い理性を他から学ぶ事が欠かせない。他の分野を観察し、学ぶ事もよくある事だ。

「学ぶは、まねぶなり」と言われている。

六　正しく鋭い感性を身に付ける事は第五条の理性を超えた能力である。理性には限界があるから、このような感性は「個性」の発現と深く関わっている。「好きこそものの上手なれ」と言われる。こうした個人独特の感性は、技術が無意識化してくるにつれて、その技術が向上拡大するものである。こうして技術も正確さを増し、その応用力は広がってくる。

どんな道でもその極意は、平常心と自然体である事に気付く事である。

念のために言えば、第一条から第六条までの教えは、自然界から学ぶ事もあり、その多くは師から学ぶべき鉄則のような事であり、欠く事のできない事項である。日本文化からすれば、それらは「守」と呼ばれる。

「守」とは必ず学ぶべきすべての道にとっての基本である。自然からであれ、師からであれ、そうした教えを守る事なしに次なる成長が難しいという古人たちによる共通する教訓である。これなくしてさらなる向上「破」には至らない。

次の第七条から第九条は、日本文化でいう「守・破・離」の「破」に相当する。「破」とは、独自の技倆へと進化する事である。

「邪道、魔道」(破滅)は、「破」(真実)ではない。

なお、別著でも述べたのだが、武蔵はその晩年になって「自分は、これまで兵法の病にかかっていた」と述懐している。この事実は、日本文化の理想とする「離」に至った事を暗示している。つまり、兵法第十条(離)とは、小の兵法へのこだわりから離れて大の兵法へと進化したのである。人生の真の目標が、「小の兵法」であるはずはない。武蔵の晩年は、当時の時代背景から「国家の経営」とか、そのための「人材の育成」に関与する事が難しかった。しかし、諸々の芸術、芸能ばかりでなく「造園」や町立て、「都市計画」などに関与していた事が、最近の研究からわかってきている。

技についても「意」と「こころ」を分別している。後にカール・ユングが「意」と「こころ」の融合を説く以前である。

七　目に見えない事でも、その本質を感知できる智恵を身に付けよ、という教えである。
これは鋭い感性と理性との融合から生ずる能力であり、勝負事には不可欠な能力である。

集中から無心へのスイッチを体得する結果であり、初歩的「観の目」といえよう。

八　わずかの現象と思われがちな事象から大事が起こる事を、一瞬の智恵でとらえる事ができる「無差別な智恵」の一端を体感できる能力である。理性と感性とがバランスよく発達した結果である。

例えば世間では、何かにつけて差別、差別と論争する事が多い。しかし、明確な結論が出される事はめったにない。しかし、先述したように一切の存在は関係の上の存在であり、存在するのは関係のみなのである。このような真実をまず理解体感した上で、常識的便法として必要な差別を知る事ができなければならない。本来、差別できない真実を悟った上で、差別する事は一般世間で論ずる差別とはまったく異なる、必要な差別である。

ゆえに、わずかな現象のようでも、その時その場の事情から、その真相を見抜く事が大切なのである。例えば、一人前の人物であるはずの者でも、世間の人に騙される事も少なくない。早い段階で「わずかの現象」からその真相を感知する能力に欠ける事は、正しい智恵がないという事である。勝負事は、一種の騙し合いでもあるから当然の教えである。

九　役に立たない事、無駄な事を避ける事。これは一言で言えば無理（理のない事）な事には思わぬ副作用があり、事と次第によっては、すべてを失う事もある。これは、第八条までに培った大局観（観の目）による。これより生ずる能力（シンクロニシティ）により、不思議な縁を得たり、自ずと有能な人々の助力を得るものである。それゆえ、武蔵は多くの大名から厚遇を受けるとともに、武蔵を慕ってきた人々（約１０００人という）の就職に力を尽くしている。仕官しようと彷徨したどころか、一人勝ちの自由な生涯を送った希有な人物である。それは「独行道」に示されているばかりではなく、最新の研究によって明らかになっている。

2 〝守・破・離〟と旧ソ連の体育六原則

なお、先述したように武蔵は晩年になって「これまで兵法の病（こだわり）にかかっていた」と述懐している事から、『兵法第十条』の「離」に達した事が認められる。日本にはいまだ理論で真実がわかると考えている専門馬鹿が多いのは残念である。『兵法第十条』としたのは著者の思い込みではない。別著で示したように、この原理は人類共通の無意識にある真実である。次の機会では「観の目」の高め方について秘伝を公開する予定である。

ちなみに旧ソ連の体育学校教科書によるスポーツ上達の「六原則」も、兵法第一条から第六条とは表現こそ違えど、内容は同等である。

先述した日本文化の「守」に当たる。旧ソ連が共産主義であるため、精神性の強い「破」と「離」を欠くのも当然の結果であろう。それら六原則とは参考までに上げておくと、

1 意識性の原則
2 継続性の原則
3 段階性の原則
4 視覚教育の原則（見取り稽古）
5 全面性の原則
6 個別性の原則

である。

旧ソ連諸国ではスポーツの上達は「守」で終わりとし、精神面の自由の拡大は認めたくないのだろう。それゆえ、早々と限界を感じ、薬物などの物理的手段へ走りやすいのではなかろうか。日本人選手が、あまりドーピングになじまないのは、第七条〜第九条のような、目に見えぬ日本文化、という意識が残っているおかげであろう。

付録

二天記

宮本武蔵の人物像を表すものとして、参考とされたい。

『二天記』より、宮本伊織について（著者訳）

武蔵が常陸から出羽の正法寺原を通っている時、路のそばには十三、四の少年がどじょうを小桶に入れて持っていた。武蔵がその少年に、そのどじょうを少し欲しいと言うと、少年は何でもない事ですと桶ごと渡そうとする。武蔵は、少しで十分と、手拭を出して包もうとした時、少年は笑って、旅人がぜひ欲しいというのに、何ら惜しい事はありません。桶ごとお持ち下さい、と言ってそのまま去ってゆく。翌日、武蔵が荒野を通る頃、宿が見つからず日が暮れ、行くも三里、戻るも四、五里でしか村坊がなく、どうしようかと思っていると、はるか山中に火の光をみた。ありがたいと火の光のそばに、やっと辿り着いてみると小さな草家があった。声をかけると怪しい気な少年が出てきて、どなたでしょうかと言う。

武蔵が、旅の者だが、この辺の道は初めてで宿もなく、日も暮れてとても困っている。何とか宿を借りたいのだが、と言うと少年は、自分一人でも狭く、とても客人を泊める事はできません、と言う。旅の事なので、どんな所でもよいからとしきりに頼んだ。少年はつぐつぐと見て、「あなたは昨日どじょうを欲しいと言った人ではありませんか」

武蔵は驚いて、

「なるほどその者だが」

「それなら入って下さい」

そうしてやっと座る事ができた。少年は小鍋を沸かして茶を出そうとしていたが、その姿は聴明で無駄もない。武蔵が、どうして少年の身でここに住んでいるのか、父母はどうしたのかと聞く。われらは正法寺村の生まれですが、父は農業をやめ、この野外に住んでいたが父母は死んで、一人の姉もここから三里先の農家に嫁いでいる。と言って、少しの粟飯を出し、夜は寒いので先に休んで下さいと、臥戸《ふしど》に入っていった。

武蔵はそこで横になったが、草虫がうるさく、袖は露に濡れた。夜半になると刃物を磨ぐ音が響き、眠る事ができない。もしや少年は盗賊の仲間で、自分の寝込んだ所で殺すつもりではないかと、思わずあくびをした所、少年はそれを聞いて、お客さんはなぜ寝ないのですかと言う。武蔵が、刃を磨ぐ音が耳障りで気になるのだと言うと、少年は笑って、お客さんは強そうな顔つきに似合わず臆病な人ですね。たとえ刀で殺そうとしても、この細腕でどれほどの事ができるでしょうか。

武蔵が「ではなぜ刀を磨ぐのか」と言うと、何を隠そうわが父が昨日死にました。これを後の山の亡き母のそばに埋めようと思っても、自分の力では運べません。そこで父の死体を両断して持ってゆこうと考えたのです。

武蔵は、少年の志に感動し、自分が幸い止宿できたからには二人で葬る事にしよう、心配しなくてよいと、武蔵が肩の方を負い、少年は足を持って山に行き、亡母の墓と同じ所に埋め、石を立てて誌とし、家に戻るとすでに夜が明けていた。少年は一人にして頼る所がありません。お客さんは、しばらく逗留して下さいと言う。武蔵は少年を不憫に思い、汝、一人ここに住むより、われに従ってくるなら何とかしようと言うと、少年は、お客さんに従ってどこへ行くにしても、一生奴僕の身なら行きません。武士となり槍を持ち馬に乗る身となるなら行きます。そうでなければ、この地に一人住み、自由に一生を過ごした方がましです。武蔵が、われに従ってくるなら望みのようにしよう。

少年は大変喜んで「ではついて行きましょう」と刀を差してついてくる。武蔵が「何か都合の悪い事はないのか、と言うと「何もありません。姉はありますが、音信不通ですから、この事を告げる必要はありません」。

また、この草家はわれら父子で造ったので何のそなえもなく残しても仕方ありません、と火を着けて焼き捨て、武蔵に従って国々を巡り小倉に留まった。後に小笠原家に武士となって仕えた。伊織の父は最上家の浪士から自然と農夫となった。少年は武蔵の養子となり、宮本伊織と号し、島原の軍功著しく後に二千石の筆頭家老となった、とある。

その後、古寺で発見された伊織の木札から武蔵が生前恩ある細川家の断絶の危機を小笠原家から養子を送ってその恩に報じている。

また、「二天記」には、宮本次郎太夫という武蔵の親族があり、無二（武蔵の父）の門弟であり、相伝の巻物（当理流）があり忠利公が三百石で召し抱えたとある。

おわりに

例えば、雑誌などでゴルフのレッスンとして微細な注意がなされている。しかし、どんなスポーツでも、まず大事な教えはその技が基づく「理」である。この理を欠くと上達は絶望的である。しかも「理」は何らかの類似体験なくして伝えにくい。ゆえに人はその道一筋ではなく、諸々の体験を欠く事は危険なのである。

スポーツでもトレーニングだけでなく毎日「正中線」の養成を練り磨く訓練が欠かせない。命がけの武道ではただ一度の失敗も許されぬ。その内容は「間合の見切り」と「技のタイミング」と言ってもよいだろう。言い換えると、「足捌きと正中線の融合」であり、また「観の目と正中線の融合」である。この「時空のコントロール」の表現こそ技という真実そのものである。

それゆえ、技（真実）を限りなく鍛錬し尽くせば、一般スポーツでいう「メンタル面」が不足して失敗する事は絶対にない。心、技、体の一致とは、自然体と平常心と呼ぶ無意識の働きを言う。一流の職人技と何ら変わるものではない。

真の技とは何気なくできるようになるまで鍛錬する事に尽きる。一生懸命や力一杯だけで大成した例はない。

どんなスポーツでも天理の体現により、人生にとって動ずることのない不思議な心境が身につくはずだ。それが人生のすべてに繋がる大事だ、というのが『五輪書』の真意なのだから。

柳川昌弘

平成三十年九月

BOOK Collection

柳川昌弘の理 伝授!武道空手
「基本」ノ巻　浮き身の体得

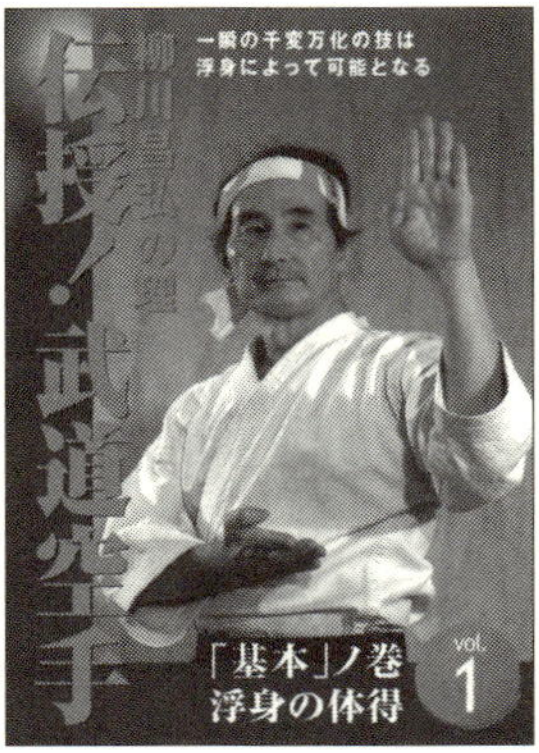

一瞬の千変万化の技は浮身によって可能となる!「基本」ノ巻では武道空手の礎である浮身の体得を紹介するとともに正中線・居着かぬ足捌きを解説する。

■内容 ： 序論／正中線をつくる／突きの体得／足捌きと蹴りの体得／足捌きの鍛錬／受けの体得／浮身の解説と技法／正中面突きの体得と肩の走り（平安二段、三段）／脱力と肩の使い方（平安五段、初段、クーシャンクー）／居着かぬ足捌きの要点／最重要型（ナイハンチ）／総論

指導・出演:柳川昌弘

●収録時間56分　●本体5,000円+税

柳川昌弘の理 伝授!武道空手
「応用」ノ巻　心技体の調和

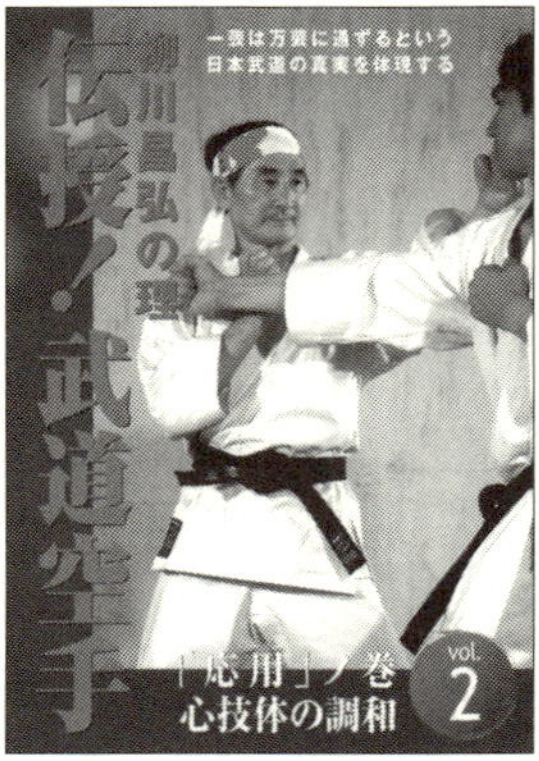

一芸は万芸に通ずるという日本武道の真実を体現する!　「応用」ノ巻では「心技体の調和」から生まれる千変万化の技を数多く解説する。

■内容 ： 序論／突き1（突きの要点、他）／突き2（正中線の鍛錬法、浮身の証明、カウンター三連打、当てると打つの違い、他）／蹴り（前蹴りからの前手突き、流し蹴り、他）／体術（腰投げに対する返し技、他）／剣術（小手打ち、一調子の打ち、他）／心技体（無刀取り、形「十手」、他）／総論／質疑応答

指導・出演:柳川昌弘

●収録時間61分　●本体5,000円+税

著者プロフィール

柳川昌弘（やながわ まさひろ）

1939年12月9日生まれ。1958年、東京理科大学入学と同時に和道会に入門。1967年より全日本空手道連盟和道会柳川道場を主宰。海外武者修行も行なう。1970年、防衛庁にて藤平光一の神技を見て、自らの空手家としての志を決める。同年、和道会大塚博紀初代宗家の元で修行後、最上荷山大荒行入行、僧籍に入る。現在は、日本伝二聖二天流柔術憲法を創設。

全世界武道空手連合主宰。

著書：『空手の理』（福昌堂)、『武道的感性の高め方』『武道家のこたえ』『見えない空手の使い方』（BAB ジャパン）ほか。

DVD：『伝授！ 武道空手（全２巻)』（BAB ジャパン）ほか

装幀：梅村 昇史

本文デザイン：中島 啓子

宮本武蔵の本当の戦い方

あらゆる運動は武蔵の教えで必ずランクアップする！

2018年10月10日　初版第1刷発行

著　　者	柳川 昌弘
発 行 者	東口 敏郎
発 行 所	株式会社ＢＡＢジャパン
	〒151-0073 東京都渋谷区笹塚 1-30-11 ４・５F
	TEL　03-3469-0135　　FAX　03-3469-0162
	URL　http://www.bab.co.jp/
	E-mail　shop@bab.co.jp
	郵便振替 00140-7-116767
印刷・製本	中央精版印刷株式会社

ISBN978-4-8142-0154-9　C2075